JN124872

130人の
リアルな声
から

きっとラクになる

介護読本

婦人之友社

『介護読本』出版にあたって

これからは「ワーク・ライフ・ケア・バランス」

樋口恵子
(高齢社会をよくする女性の会理事長)

ケアされながら生まれて、死んでいく

ある講演会でのこと。「2021年の統計によると、私と同じ90歳まで生存する者の割合は、女性が52%、男性は約27%にとどまった」という話をしたところ、お一人の男性が次のように発言されました。「ということは、多くの男性は妻に看取ってもらってあの世に逝ったのですね。もっと女性に感謝しないと」と。あっぱれな感想だと思いました。

人間の成長と発展は、多くの女性が担ってきた「ケア」のおかげと言っても過言ではありません。人を産み育てられる女性と、そうでない男性との性差はあるにせよ、これからの「ケア」は男女の別なく関わっていくことになるでしょう。

ですからこれからは、「ケア」を強調した「ワーク・ライフ・ケア・バランス」を提案していきたい。人は、ケア(保育)されながら生まれて育ち、最後はケア(介護)されながら死んでいきます。他者へのケアと、他者からのケアがなければ、生き延びることはできないのです。もちろん、働くことで社会に力を出していただきたい。そのためには、社会全体で「ケア」に対して支援する必要があると思います。

「ただいま、わが家は介護中!」と宣言を

在宅介護をしている方たちは、なるべく「他人の専門家」を頼りましょう。介護

には、他人の目＝考え・見守り、他人の手＝労働が必要です。「ただいま、わが家は介護中！　何かのときはよろしく」と宣言して、自分だけで背負いこまないこと。ケアという意味では、子育ても介護も同じです。

専門家を頼るには、お金が必要になります。特に、高齢女性には「BB＝貧乏ばあさん」が増加しており、経済に不安を抱える方が少なくありません。将来、貧乏ばあさんを回避するためにも、介護にかかる費用はできる限り国がサポートするべき。ですから、介護保険料の払い込みを20歳から始めることに、私は賛成です。国の財源を、老いも若きもみんなで支えようではありませんか。

さて、介護を受ける人、もしくはこれから受けるかもしれない高齢者にお伝えしたいのは、家族に対して「あなたの世話にはならない」などと決して言わないことです。死んだら、自分で歩いて役所に行き、死亡届を出すことはできません。必ず、だれかのお世話にならないとあの世には行けないのですから。「もしものときにはよろしく」と、家族にはにこやかにお願いする。私も、憎まれ口ばかりきく娘への小言をぐっとこらえて、「お世話になります」と言うように心がけています。

最後に、「おひとりさまファミレス社会」において、近隣者とのつながり、暮らしのネットワークはますます求められることでしょう。『婦人之友』の読者の集まりである全国友の会は、貴重な女性のネットワークです。地域社会のなかでリーダーシップをとって、地域モデルになっていただきたいと、心から願っております。

ひぐち・けいこ／評論家。東京家政大学名誉教授。著書に『老～い、どん！　あなたにも「ヨタヘロ期」がやってくる』『老～い、どん！2　どっこい生きてる90歳』（共に小社刊）ほか多数。1932年生まれ。

はじめに

超高齢社会となったいま、介護はだれにとっても他人事(ひとごと)ではなくなっています。

私たちの編集部でも、気づいたらほぼ全員が介護に関わる生活を送るようになっていました。同居する両親をみる人、隣県に住む義父母をみる人、遠く離れて暮らす親をみる人、100歳近い祖母を看取った人……。日々の会話に介護の話が多くなり、さまざまな悩みを打ち明け合ううちに、この本の企画が生まれました。

編集にあたり、「全国友の会」※をはじめとする130名の方たちに、介護についてのアンケートにご協力いただきましたことを、深く感謝申し上げます。アンケートには、かけがえのない家族への思い、介護の大変さ、苦しさ、よかったことなど、心の奥まで掘り下げて綴ってくださったものが数多くありました。

本書はその130人の方たちの思いが、すべての土台となっています。アンケートの言葉に共感し、励まされ、そのなかの何人かに直接お話をうかがい、専門家にもご意見をいただきながら、一冊のかたちになっていきました。

介護に正解はないのだと思います。それぞれの生活の積み重ねが介護につながっていくため、選択の仕方も内容も異なります。それでも、明るく介護をしている方たちに共通していたのは、家や心を開いて他者の助けを借りていたことでした。一人で抱えこまず、胸のうちを人に語り、さまざまなサービスを上手に使っていたのです。

いま介護で苦しい気持ちを抱える方たちが、当事者のみなさんの思いや工夫を知ることで、少しでも心が軽くなりますように。介護がもっとオープンに語り合えますように。そして、支え合う社会が広がることを心から願っています。

婦人之友社編集部

※「全国友の会」は、雑誌『婦人之友』の愛読者から生まれた団体。全国各地、海外含めて180の友の会がある。

目次

第2章　介護のはじまり　65

第8章

介護の日々のなかで　177

エピローグ

介護について思うこと　199

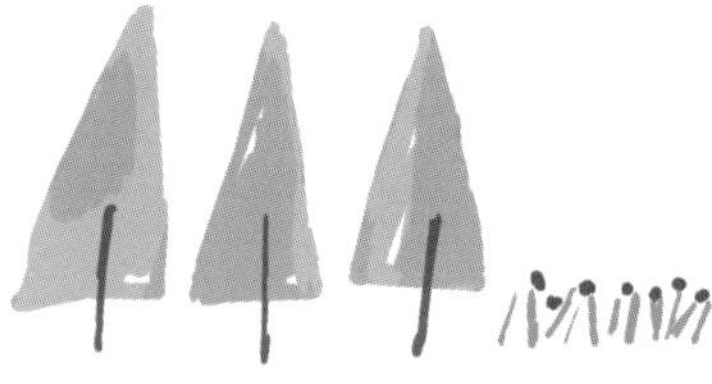

知っておきたい　介護の知識

介護 COLUMN

マンガ　介護のココロ　作・古野崎ちち子

本書は、「全国友の会」のアンケートを中心に、隔月刊『明日の友』(小社刊)の以下の記事を再構成し、新たな記事を大幅に加えました。

◎ 2020年初夏(246)号　生活特集
「有料老人ホームの選び方」

◎ 2021年夏(253)号　生活特集
「孤立しない　させない生活」

◎ 2022年初夏(258)号　生活特集
「助けられ上手の生活術」

◎ 2022年秋(260)号　健康特集
「認知症?と思ったら
―アルツハイマー型認知症を中心に」

第1章

さまざまな介護のかたち

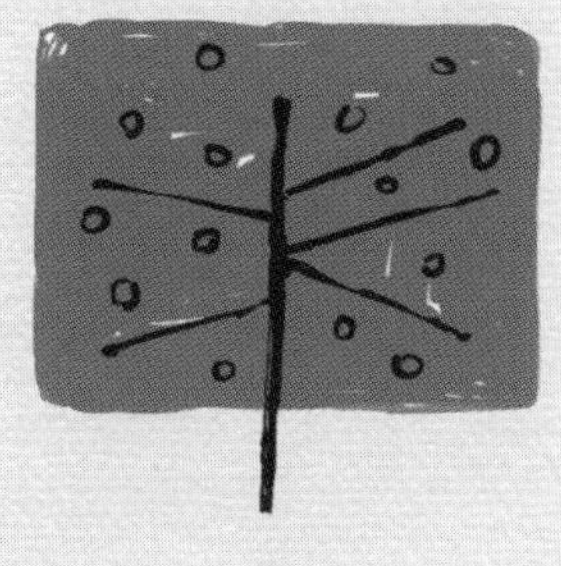

11人、11通りの介護のかたち

本章では、アンケートに答えてくださった方のなかから11人を紹介し、それぞれの介護との向き合い方をうかがいます。介護のかたちは人それぞれ。読んでいただければ、きっとどこかに共感できる部分があると思います。

＊夫婦二人で　～妻が夫をみる～

「家で最期まで過ごしたい」という夫との約束を果たすために

東京都　藤原稔子　80歳

庭に面した日当たりのよい和室が、夫のための居室です。窓を開けて折りたたみ式のケアスロープを渡すと、車いすでそのままガレージに出ることができます。以前この部屋にあった家具類は処分し、介護のためのベッドとテーブル、床ずれ防止用のマット、頭を支えることができる車いすなどをレンタルでそろえました（月々合計1万3000円ほど）。また、おむつや吸引機、使い捨てのシーツや手袋など、介護に必要なものは一つの棚にまとめ、どんな方が訪問介護に来ても作業をしやすいように整えてあります。

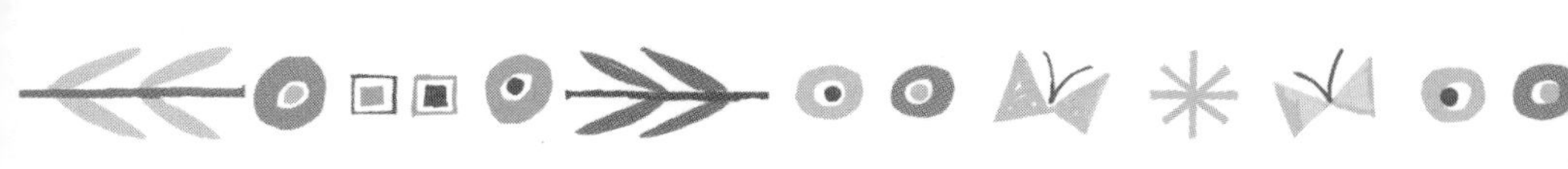

現在わが家に出入りしてくださる看護師とヘルパーは、10人ほど。朝夕に訪問してもらうほか、何か困ったことがあれば電話をすると駆けつけてくださいます。部屋をオープンにしているのはそのため。いつでも来てもらえる安心感があるので、高齢の私でも無理せず介護ができています。

体が動かなくなる難病に

夫の体に異変が生じたのは77歳、私が71歳のときでした。右手に力が入らなくなったのです。とても行動的でテニスが大好きな人でしたが、ラケットを振るとしっかりグリップを握れず、ラケットだけが遠くに飛んでいってしまうように。日常生活ではお箸が使いにくくなり、ペンを持つ指にも力が入らず、やがて字が書けなくなりました。

病院で検査をすると、右手の「攻緻運動障害」と言われました。当時はまだ体が動いていたので、選挙にも一緒に行って「字が書けないんです」と話し、指差しながら投票させてもらったことを思い出します。

2年後には、追い打ちをかけるように肺がんになり手術。その翌年には、だんだん症状が進んでいた体の麻痺が「大脳皮質基底核変性症」という難病と診断されました。指定難病についてはよく知りませんでしたが、現在は３４０近くの病名が登録されているそうです。夫の病気はそのなかでも7番目、パーキンソン病の次に記されています。筋肉のこわばりや歩行障害など、体が動かしにくくなるというものでした。

指定難病の申請書類を都に提出すると、特定医療費受給者証が交付されます。月々の医療費は病気によって自己負担限度額が決まっており、それを超える支払いはしなくてもよ

いことになっています。

81歳になったとき介護認定も受けました。当初は要支援1。デイケアに週1回通い、施設でリハビリをすることにしました。しかし病気は徐々に進行し、自分でできることはどんどん減っていきます。82歳で要介護3となり、83歳のころには要介護5に進みました。

要介護5となってからは、自力ではさまざまなことが難しくなりました。何とか私の腕を支えに歩くほかは、朝の髭剃り、洗顔、着替え、食事、口腔ケア、排泄などすべてに介助が必要です。それでも、デイサービスに週3、4回通いながら、何とか私一人で在宅介護をやってきました。

便利なツールで意思疎通を

自力で歩行ができていたとき、夫は散歩が大好きでした。毎日、夕方になると落ち着かなくなるので、近くの公園まで一緒に3000歩ほど歩いて戻ってきます。入浴し、早めに夕食をとると、もう起きていられなくなるので「寝るっきゃないね!」と言うと、「寝るっきゃない、寝るっきゃない」とうれしそうに笑います。そのころには、会話をすることもままならなくなっていましたが、私の言葉に応える表情が穏やかで、こうした平穏な日々が続くとどんなによいかしら……と思ったものでした。

また、私たち夫婦には三人の息子がおり、それぞれに家庭をもって割合近くに住んでいます。息子たちは時折様子をみにわが家にやって来て、父親の入浴の世話や食事の介添え、散歩の同行、移動の際の抱き起こしなど、私が日常的にしていることを経験することで大変さを理解しようとしてくれました。そのおかげで、私が介護で孤独を感じることは少な

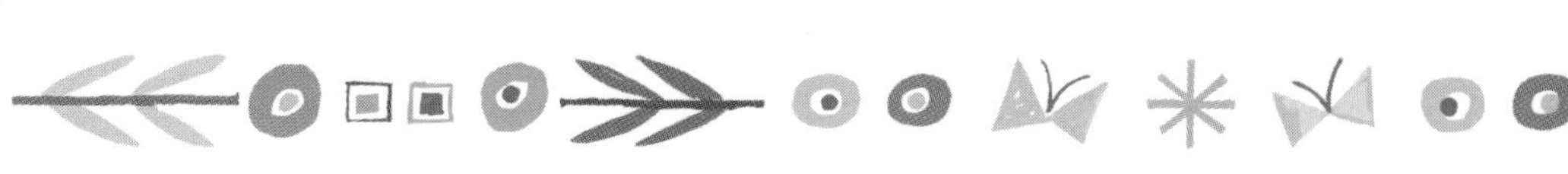

かったと思います。

息子たちや孫などの家族、友人たちとは、スマホのＬＩＮＥ、メールや電話などさまざまなツールを使って毎日のように意思疎通を図ってきました。発信すれば、必ずだれかが応えてくれる便利な時代です。私は昔からあけっぴろげな性格で、一人で抱えこんだり隠したりしなかったのも、よかったことの一つだと思います。

心新たに始めた在宅介護

そんな夫との穏やかな生活に大きな変化が起きたのは、夫が84歳の3月のこと。病院の帰りに転倒し、救急搬送されました。硬膜下出血のため手術をし、脳挫傷もあったので回復するまで入院となりました。

2カ月後の5月に退院となり、そのまま家に連れて帰りたかったのですが、夫は失語症となって歩行もまったくできなくなっていました。以前よりも重度の介護が必要になるため「まだすぐには自宅での生活は無理です」と言われ、介護老人保健施設へ。「3カ月先には自宅に戻る」と目標を決め、心の準備と実際の準備を進めました。その間に、ケアマネジャーや施設の方の助言によって、和室にあったすべての家具類を思いきって片づけ、冒頭に書いたようなさまざまな機材をレンタル。新たな気持ちで在宅介護をスタートさせたのです。

とはいえ、体の動かなくなった夫の介護は簡単ではありませんでした。以前はリハビリパンツを利用していたので、私はおむつのつけ方さえ知りません。ヘルパーの動きをみて学び、少しずつ慣れて自分でできるようになりました。

体の硬直も進んでいますし、肺がんの再発

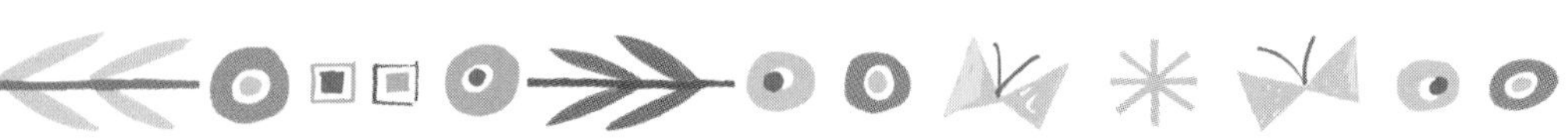

もあって体調はよくありません。以前はホスピス外来に通院していましたが、ケアマネジャーが、在宅での診療をするお医者さんを紹介してくださり、月に2回の往診に変更。週に2回は看護師が訪問看護に来てくれることになり、薬など医療的にも安心できる環境が整いました。

毎日さまざまな人が訪ねてくださるので、一人ひとりから学ばせてもらうことがたくさんあります。私が心がけているのは、わからないことがあれば、どんなつまらないことでも、すぐにプロに質問すること。そうするとケアマネジャーでも看護師でも施設の人でも、必ず答えてくださるので不安が減るし、必ず問題が解決できると思っています。

夫婦で話し合っていたこと

入院中は、コロナ禍でタブレットでしか面会できず、どんどん無表情になる夫のことが気がかりで、とにかく家に連れて帰りたいと思っていました。家庭によって介護の考え方はさまざまだと思いますが、私たち夫婦の間では話し合っていることがあったのです。

以前、私たちは夫の両親と同居した経験がありました。最初は関西でスープの冷めない距離に住み、夫の転勤で広島県福山市に引っ越したころ、義父が認知症で徘徊(はいかい)するようになったため同居。東京でも一緒に暮らし、同居を続けるつもりでこの家を建てました。

ところが都内に住んでいた夫の兄が「長男の僕が同居する」と言ったので、義父母は兄の家に引っ越して行きました。そこから1年もたたないうちに義母は病気で入院。翌年は義父が施設に。いろいろな事情もあったのでしょうが、義父は徘徊のためベッドに固定され、あわれで見ていられませんでした。

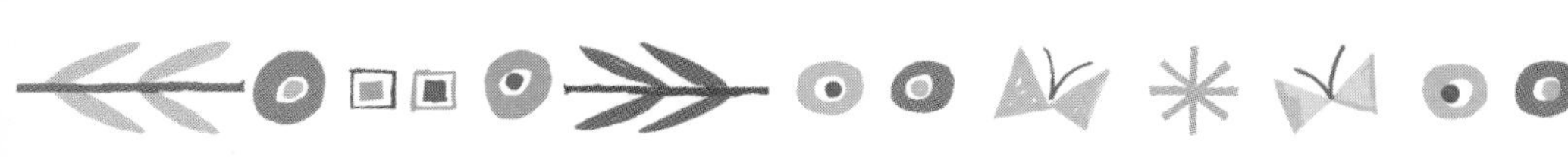

そんな経験から、夫と私は「どんなことがあっても、管をつけたり延命処置はしないようにしよう」「家にいるのがいい」と語っていたのです。病気になってからも、施設や病院ではなく、最期まで家にいたいという夫の思いを強く感じてきました。夫婦でその思いを確認し合ってきたので、私自身が介護でつらくなることはありませんでした。

いまは週に3回のデイサービスのほか、ケアマネジャーの助言で月に1週間はショートステイを組み入れているので、その時間が私の休息とリセットの時間になっています。その間は美容院に行ったり、友人とお茶を飲んでおしゃべりをしたり、近くの運動施設にも通って、ストレスを解消する時間をもっています。

現在はターミナルケアに向かっており、家で看取ることも覚悟をしています。86歳になった夫とは「88歳までがんばろうね」と言い合っていますが、最期まで穏やかに笑顔でいられるようにというのが目標です。とはいえ、がんばりすぎずほどほどに、みなさんに助けてもらうのが私流。天性ののんきものなのです。最近、80の手習いでウクレレを始めました。自分の楽しみも見つけながら、日々を大切に過ごしたいと思います。

藤原さんの介護メモ

- だれが来ても一目瞭然、道具をまとめてオープンに。
- どんな小さな疑問でも、プロに聞く。
- 夫婦でどんな最期を迎えたいか話し合っていた。

若くして倒れた失語症の夫と「今日一日を楽しく」をモットーに

山形県　櫻井映美　72歳

夫は44歳のとき、脳出血を起こしました。仕事で出かけた隣の市の旅館で、スピーチ中に倒れたのです。当時私は38歳。子どもが中学3年と小学5年でした。「お父さんがいないから、今夜は好きなものを食べよう」などと話しているとき、電話が鳴りました。

「いまから救急車で運びます」と言われ、取るものもとりあえず一人で病院に向かうと、夫の乗った救急車が到着するところでした。これからどうなるのだろうと思いながら、運ばれていく夫を呆然と見ていました。思い返すと、いまも涙が出てきます。でも、若かったのでそれほど悲観はしませんでした。ただ生きていてほしいと祈っていました。

旧約聖書の「詩篇」を書き写して

入院中、私は毎日病院へ通いました。1カ月は子どもたちとも面会できない状態でしたが、近所の人に子どもをみてもらい、夫の友人が駆けつけてくれて、友の会の方にも支えていただいた。一人でがんばらずにすんだことは本当にありがたかったです。

5月に倒れ、8月には療養病院に転院。右上下肢麻痺（みぎじょうかしまひ）と失語症が残り、障害者（2

種1級）となりました。私は失語症がどんなものかも知りませんでしたが、当時は数少なかった言語聴覚士の先生が、週に一度仙台から山形に来てくださり、本人のがんばりもあってリハビリが進みました。

失語症と体の麻痺のリハビリに、新聞記事を書き写すことをすすめられましたが、夫が選んだのは旧約聖書の「詩篇」。右手は使えないため、左手で懸命に書いていました。そのノートは製本して大事にとってあります。

わが家は、私と子どもたちは教会へ通っていましたが、夫はいつも留守番。聖書を選んだのは、家族への思いがあったのかもしれません。後に夫は、高校生になった息子と二人で洗礼を受け、クリスチャンになりました。

その年の暮れには、1本杖で歩けるようになって退院。トイレに近い部屋に居室をつくり、ベッドを入れて環境を整えました。家には段差も階段もありましたが、手すりをつけて解決。介護ベッドではなくふつうのベッドでしたが、まだ若い夫には十分でした。

夫は会社へ、私は介護の仕事へ

退院後は、職場に復帰できるよう勤務先にお願いに行きました。何度か断られたものの、夫の上司が自宅にリハビリの様子をみに来て、「短時間の勤務でもいいから戻って来るか」と言ってくれました。当時はバブル期で、余裕があったのでしょう。トイレも改修してくれて、46歳で復帰しました。最初は私が送迎

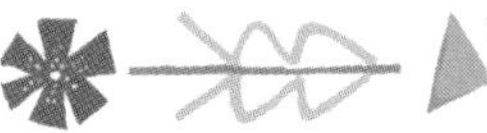

しましたが、自動車学校に通って、障害があっても運転できるようになりました。

失語症は認知症とは違います。はっきりと意思があるのに、スムーズに話せません。それでも、人と会話することで理解力や洞察力は深まります。会話はとても大事ですが、会社にはさまざまな人がいるので、いやな思いもしたでしょう。55歳まで10年間勤めたことは、家族も勇気づけられる出来事でした。

その間、私も子どもたちの学費の心配があり、知人の紹介で証券会社に勤めました。結局お金の仕事は自分に向いていないとわかり、3年で退職。何をしようか考えた末、勉強をして介護士になりました。老人保健施設に就職し、ケアマネジャーの資格も取って20年ほど働いてきました。介護は、その人の感性に寄り添っていくものです。相手をよく見て「望んでいることは何だろう」「こういう言葉をかけるといいかな」と、家でも職場でも学ぶ日々でした。

「俺より先に召されるな」

障害がある夫と明るく過ごしてこられたのは、言語聴覚士の故遠藤尚志先生との出会いも大きかったです。「失語症の方は世界にいっぱいいる。会いに行こう」と誘ってくださり、スウェーデン、ハワイ、ベルギーなどの旅に夫婦で参加。たくさんの失語症の方と楽しく交流し、本当に刺激になりました。

60代後半で、夫は前立腺がんになり、胃がんや胆管がんの手術もして現在も服薬中です。でも私は、過度な心配はしないと決めています。「今日一日を楽しく」が私たち夫婦のモットーだからです。

4年前には介護認定も受けました。現在要支援2で、週に2回訪問リハビリを受け、デイサービスに2回通っています。たいていのことは自分でできるので、あまり手出しはしません。トイレに間に合わないことがたまにあるので、片づけを手伝うくらいです。私も夫も運転免許を返上しましたが、必要なときは同居する娘が介護休暇を利用して、病院の送迎などをサポートしてくれます。

最近の夫の楽しみは、俳句や川柳。夫の場合、ひらがなよりも漢字のほうが思い出しやすく、懐かしい感情も想起できるようです。先日も、デイサービスの施設の壁に俳句が貼り出されていました。

世捨て人　波乱万丈　失語症

老いぼれに　桜前線　花見会

おたがい高齢になり、夫は耳も聞こえにくくなりました。いつもは私が紙に文字を書き、夫の話を聞き取りますが、その会話がうまくいかないときが増えています。私自身も腰痛で、まもなく手術の予定。その間、夫は施設へ入所するなど、生活の変化もあります。

今年のお正月、夫は「俺より先に召されるな。俺が先に逝くから」と言いました。最初は何を言っているのかわかりませんでしたが、何度かやり取りして、通じたときは二人で大笑い。通じ合うとうれしいものです。いつ死んでもおかしくない年ごろ。おたがいに元気でいようね、と言い合っています。

櫻井さんの介護メモ

●たくさんの人に助けてもらって本当によかった。

●病気などがあっても過度な心配はしない。

●介護する人もされる人も、元気なうちに介護を学ぶといい。

この状態に出口があるのか見通せず苦しくなるときがある

香川県　森　純一（仮名）　84歳

妻の様子がおかしいと感じたのは、5年ほど前のことです。夜中や明け方に、布団の中で辻褄の合わない話をするようになり、いまいる場所がどこかもあいまいで、過去と現在が混在した様子が見受けられました。それがアルツハイマー型認知症の始まりでした。

活動的な妻が認知症に

それまで妻は、一人で車に乗って毎日のように出かけ、教会に、友の会に、コーラスにと活動的な日々を送っていました。あるとき教会に行こうとして迷い、近くの民家に上がりこみました。その家の人が親切に教会まで連れて行ってくれましたが、一人で出かけるのは限界でした。認知症外来にかかって、運転免許も返上。そのころ腎臓摘出手術などで入院をくり返したことも、認知症が進む原因になったように思います。その年末には要介護1に認定されました。79歳のときです。

妻は運転ができなくなりましたが、それまでの活動をやめてしまうと、一気に認知症が進みそうなので、私が車で送迎することに。妻のためとはいえ、私の自由な時間は少なくなりました。最初は週に1回だったデイサー

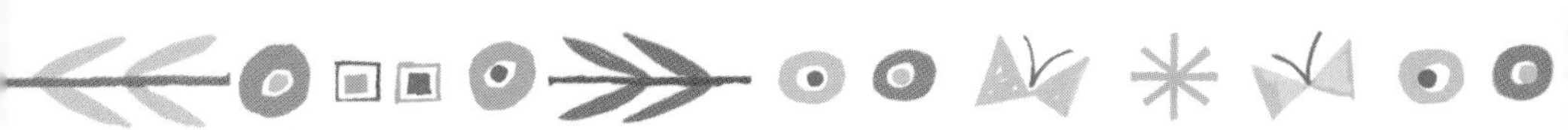

ビスが、最近は3回になったので少しは楽になりましたが、私自身も高齢なので、運転免許もそろそろ返上しなければと思います。

喧嘩しても忘れてくれるのが救い

認知症になっても体はふつうに動くため、いまのところ物理的な面での大変さはありません。家事がだんだんできなくなっていますが、私は一人暮らしの経験があるので、かろうじて家事もこなせます。食事の用意だけは面倒ですが、遠くで暮らしている長女が、毎週手づくりのおかずを送ってくれるのにずいぶん助けられています。

つらいのは、妻が自分の意見がまちがっていても頑固に押し通すため、たびたび喧嘩になること。病気のせいだから受け入れなければと思いつつ、腹が立って言い合いになってしまうのです。それでも、次の瞬間には忘れているのが救いといえば、救い。

私たち夫婦は三人の子育てが終わったあと、二人だけで暮らしてきました。たくさん会話もしてきたので、それが少なくなり笑いが減った寂しさがあります。この状態が、どう変化していくのか、出口はあるのか見通せません。妻を車で送っていたキリスト教会で、私も1年前に洗礼を受けました。暗くなりそうな気持ちが、少し救われています。

森さん(仮名)の介護メモ

- 長女が毎週手づくりおかずを送ってくれる。
- 喧嘩をしても、妻は忘れるので私も忘れるように。
- 妻の通っていた教会で、自分も洗礼を受けた。

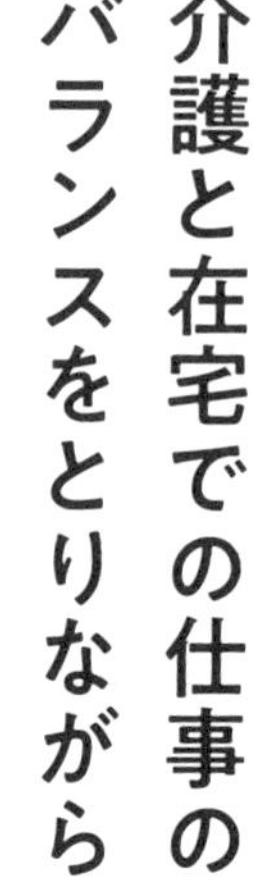

介護と在宅での仕事のバランスをとりながら

東京都　神藤正人　51歳

ある日突然倒れた母

　買いもののついでに立ち寄った近所の銀行で母が倒れたのは、75歳のときでした。救急隊員から「危険なので来てください」と電話があったとき、私は都内で仕事をしていました。急いで病院に駆けつけると、左被殻出血（脳出血）との診断。後遺症が残るだろうと言われました。右半身不随となり失語症も発症、まったく話せない状態になりました。約1カ月入院したあと、「少しでもよいリハビリを」と、親戚の紹介で最先端のリハビリ専門病院に転院。言語トレーニングや足の動かし方など、半年間に及ぶリハビリのおかげで「いやだ」「ありがとう」「痛い」といった簡単な言葉は言えるようになり、四点杖をついてゆっくり歩けるまでに回復しました。半年後に自宅に戻り、もうすぐ3年になります。

　母はとても明るく元気な人で、65歳まで勤めた仕事を辞めたあとは、父が一年の大半を暮らす八ヶ岳南麓の家まで、友だちを車に乗せて行ったり、父と二人で野菜やルバーブづくりを楽しんだりしていました。大病を患ったこともなく、認知機能もしっかりしていたので、あまりに突然の大きな変化でした。

生活リズムはしっかりと

家では私と妻と母の三人暮らし。母は朝6時半ごろ起きて着替えは私が手伝い、妻が7時半過ぎに出勤する前に三人で朝食。家族と同じものを動くほうの左手を使い、自分で食べています。午前中は、テレビを見たら居間のソファに横になり、窓越しに庭の樹に咲く花や空を見て過ごします。二階で仕事をしている私は、1時間に1回くらい様子をみに行き、トイレに促します。基本的には紙パンツタイプのおむつをはいていますが、自分でソファから起き上がり、四点杖をついて居間の隣にあるトイレへ。「起きれる?」「うん」、「自分で行ける?」「うん」。母の目を見てうなずく様子を確認し、ゆっくり歩くのを見守りながらつきそいます。居間のドア、トイレのドアを私が開け、便器のふたを上げるところまですれば、あとは母一人で。

昼食を食べたら食卓のいすでそのままテレビを見たり、ソファに横になったり。冬季以外はつきそって家のまわりを散歩する日もあります。夕食を食べ、妻が介助しながら入浴、夜10時半には自室で寝ます。言葉はほとんど出ませんが、私たちが話していることは半分くらいわかっているようで、生活リズムもしっかりしています。デイサービスは母がいやがるので利用せず、介護保険を利用して、自宅で週1回ずつ言語トレーニングと歩行訓練などのリハビリを受けています。

できるペースでできる仕事を

母がリハビリ入院をしている間、在宅介護

か施設入所かを家族で話し合いました。また、母を連れて施設の見学に行ったこともありますが、絶対いやだと言わんばかりに首を横に振り、頑（かたく）なに拒むのです。失語症なので意思の疎通は難しいのですが、倒れる4年前に建て替えた、思い入れのある家にいたいのだと思いました。人生の最後を心地よく暮らすためにこだわって建てたバリアフリーの家。床や壁、天井には天然木を使用し、なじみのある大谷石をリビングや玄関にあしらうなど、母の思いの詰まった家にいたい気持ちも理解できました。とはいえ、家族のだれが在宅介護を引き受けるのか……。

折しも母が倒れてすぐ、世の中はコロナ禍に。フリーランスでランドスケープデザインの仕事をする私は、ほぼ100％在宅ワークになりました。食事とトイレが自立できる状態なら、在宅で仕事をしながら、母の面倒もみられるのではと、在宅介護を選択しました。また母と同い年の父は、八ヶ岳での人生設計が道半ば。それでも月の半分は自宅に帰ってきて母や私たち夫婦のサポートをすることに。いまは父の在宅中に、外での打ち合わせや現地調査に赴く予定を組み、何とかやりくりしています。それでも、介護のために断らざるを得ない仕事もあり、そのたびに葛藤があります。仕事の量は母が倒れる前に比べて減りましたが、経済面はフルタイムで働く妻と二人三脚。現状に合わせて、できるペースで仕事量を抑えながらの生活です。

介護はある程度のがまんも必要

家事が得意だった母は、ホコリを見るときれいにしてほしいらしく、よく声をあげます。忙しいと、ついイラッとすることもありますが、ぐっとがまんして「ホコリ？　あとで掃除するよ」と返事。また、毎日言語トレーニングのドリルにつきあったり、外に連れ出して歩いたほうがよいのですが、忙しいときは思うようにしてあげられません。

介護は、気持ちの余裕をもつことと、がまんが必要だと思います。私は、余裕とがまんが五分五分になるように心がけています。介護離職については、仕事の内容や働き方、病状にもよるので難しい問題です。私は在宅でも働ける仕事ですが、人それぞれ状況は違い、これといった決まりもありません。ケアマネジャーとよく話し合い、その人にあった状況で、いちばんよい方法をチョイスしていくのが大事だと思います。母も今後、下の世話が出てきたり、もう少し介護度が進んだら、施設のお世話になるかもしれません。だから、転倒だけはしないように気をつけています。

食事の用意は私の役目。母はもともと料理上手で家庭の味が大好きなので、いまは私が料理書をたよりに少しずつ腕を上げる日々。でも、仕事の合間につくる昼食は、市販品をチンしたり、一品ものですませることも多く、つくづく料理は大変だと感じます。小さなおちょこにほんの少量の晩酌が母の楽しみ。鍋、おでん、肉じゃが、鯛汁……。体にいい料理を本を見てつくりながら、これからもできるだけ元気でいてほしいと願っています。

神藤さんの介護メモ

- できるペースで
できる仕事をこなす。
- 父や妻にも協力してもらい、
だれか一人の負担が
多くなりすぎないよう調整する。
- 余裕が半分、がまんが半分の
五分五分スタイル。

父と母と義母、三人の介護で悟った思い

福岡県　田中淳子　64歳

三人目の認知症

いま私は、同居中の85歳の母を介護しています。要介護1で、体は軽いリウマチと右足のリンパ浮腫がある程度。元気ですが、認知度が落ちているため記憶が5秒ともちません。本人は元気なころの自分を自分と錯覚し、自分より力の強い犬を散歩に連れ出そうとしたり、台所の火を消すのを忘れたり、娘の私がパンを焼くので、「得意料理はパン」と言ったりします。受け答えが上手なので、一見会話が成立しているようにみえますが、つくり話もとても多くなっています。

私にとって、初めての介護は父でした。父も認知症で、89歳で亡くなっています。80歳のころ、脊柱管狭窄症（せきちゅうかんきょうさくしょう）で通っていた大学病院からいつもの時間に帰宅しなかったため、おかしいと感じたのが始まりです。「最近、頭がボーッとする」とよく言っていたので、整形外科の先生がもの忘れ外来に連れて行ってくださり受診。アルツハイマー型認知症との診断でした。

大学病院なので「新薬の治験をしてみないか」と話があり、父はさまざまな薬を使いま

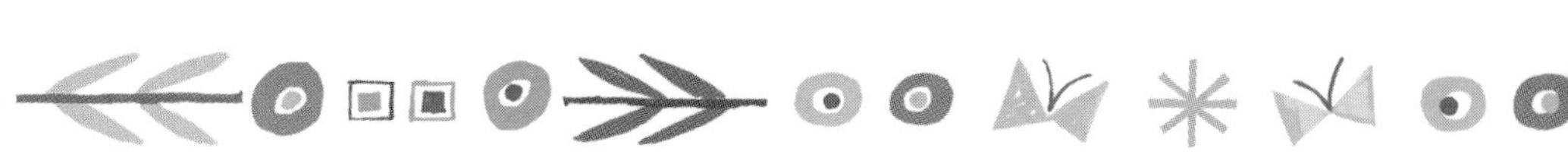

した。しかし、晩年施設に入ったとき、医師から「いまのところ、アルツハイマーに効く薬はありません」と言われ薬をやめました。

1年前に92歳で亡くなった義母も認知症でした。近くに住んでおり、毎朝私がつくったお弁当を夫が届け、食べたことを確認して帰宅していました。しっかりしていたので気づきませんでしたが、あるとき押し入れを開けてみると、食品ラップが１００本以上、小銭が入ったビニール袋も山ほど積まれていました。自分で現金を引き出し、買いものにお札だけを使っていたのです。小銭を集めて数えてみると、10万円以上ありました。認知症は現れる症状がそれぞれに違うので、そのたびにアッと驚かされました。

やり場のない気持ち

私は最初、父に対して怒りの連続でした。体が動かないのにリモコンを取ろうとして転倒する。でき上がった料理に手を伸ばして、器を割ってしまう。その始末を私がしている最中に「おなかがすいた」と言ってくる。いらだつ気持ちのやり場がなく、更年期障害も重なって体調がいつも悪い状態でした。

そんなとき、ユマニチュード（フランスで生まれたケアの技法。人間らしさを尊重することを重視）を受講。勉強して気づいたのは、幼児生活団※のモットー「よくみるよくきくよくする」と似ていたことでした。大切なのは、相手の状況をよくみて、体に触れて、声をかけること。幼児生活団の教育に憧れていた私は、ユマニチュードの教えもすんなり受け入れられました。

受講後は、「実践してみましょう」と書かれたハガキが毎週送られてきます。たとえば「ドアを3回ノックして、3秒待って声をか

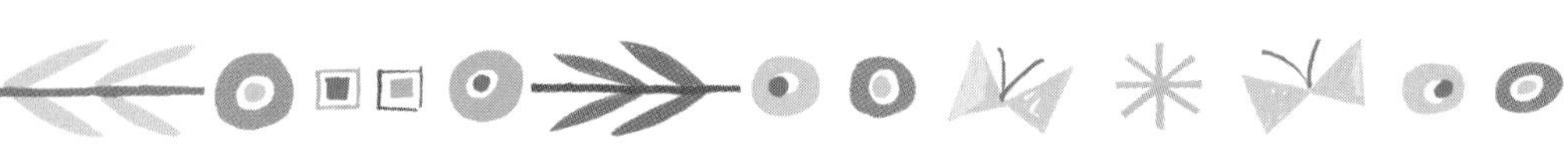

ける」。それまでの私は、ノックもせずにドアを開け「お父さん、いつまで寝てるの。デイサービスに間に合わないから早く着替えて！」と強引にやっていました。

でもユマニチュードでは、ひと呼吸おくのです。すると父が穏やかになって、訪問リハビリの理学療法士に「お父さんはいつもニコニコしていますね」と言われるようになりました。自分が認知症の人の気持ちを考えられるようになると、相手も変わると実感。これはふだんの社会生活でも同じだと思い、人に接するときにとても役立ちました。

施設に入るまでの葛藤

父の介護の終盤は、ひと晩にトイレ介助が4～6回。私は介護ベッドの下で寝て、父がごそごそするとポータブルトイレを移動させました。あるとき、父が「あんた何や?」と言うので「お父さんのトイレのお手伝い」と答えると「すまんなあ」と頭を下げました。こみ上げてくるものがあり、それまでの苦労を忘れるような、大切な時間でした。

そんな父をホームに入れることにはためらいがありました。自分の親の面倒をみなくてどうすると、罪悪感があったのです。しかし、ケアマネジャーに「このままでは共倒れになってしまうよ」と言われて決心がつきました。どの施設を選ぶかも迷いましたが、毎朝整形外科の先生が往診してくださる、父に合う施設を見つけて入所。そこで最期まで過ごしました。後半はコロナ禍で会うことができませんでしたが、息を引き取るときは家族で見守ることができました。

一方、義母は亡くなる2カ月前までデイサービスに通っていましたが、ある朝、夫が訪ねても寝たままで反応がなく、あわてて在宅

医療の先生に来てもらいました。最期は入院しましたが、往診に来てくださる先生や看護師がとても前向きで、義母はぎりぎりまでトイレも自分で行っていました。

母をそのまま受け入れる

同居中の母はいま、近所の整形外科の先生から「早く認知症外来に行ったほうがいい」と言われています。しかし私は、父と義母の介護を経て、行く必要がないと感じています。父や義母のときは、薬に頼ってきました。その薬が本当に効いているのか疑問をもったこと、父がホームに入ったとき「アルツハイマーに効く薬は、いまはありません」と医師に言われたことで、薬は必要ないと考えるようになりました。

母の症状はだんだんに進行していますが、それが母だと思って受け入れていきたいと思うのです。私の場合、ケアマネジャーもヘルパーも友の会の仲間で、何でも話せる相手です。母と喧嘩して自分を責めてしまうときも、「お母さんが悪いのでも、あなたが悪いのでもない。病気のせい」と言われると、気持ちが楽になります。信頼できる人に話すこともとても大事だと思います。

※幼児生活団…友の会が主催・運営する幼児教育の場。

田中さんの介護メモ

- ユマニチュードを受講。穏やかな気持ちになれた。
- いまは認知症の薬に頼らないことにしている。
- 信頼できる人に、何でも話すことが大切。

別居、同居、入院、施設。自分の人生も大事にしつつ介護する

埼玉県　棚橋洋子　61歳

父が75歳のとき母が病気で亡くなり、父は初めて一人暮らしになりました。23年前のことです。小児麻痺の後遺症があり足を引きずっていた父は、障害者手帳を持っていました。当時は介護保険がスタートして間もないころで、手帳を持っていれば介護認定を受けやすいと言われ、横浜市に申請。要支援2と判定されました。それまで、生活のすべてを母に頼っていた父は、不安もあったのでしょう。助けてくれるならだれでもウェルカムで、週に一、二度ヘルパーにおかずをつくってもらうなどしていました。一方、本人はまだ元気だったので、洗濯機や炊飯器の使い方を少しずつ習得したようです。

私は一人っ子ですが、当時は子育てに忙しかったため、埼玉から横浜までは簡単に行けませんでした。その代わり「週に2回、夜8時に電話をしてね」と父と約束しました。几帳面な人なので、約束は必ず守ります。その電話で元気かどうかを確認していました。

有能なケアマネジャー

その翌年、父は脊柱管狭窄症の手術をしています。1カ月入院し、その後3カ月わが家

に滞在。母が亡くなった当初は生活力がなく心配でしたが、このときは「早く自宅に帰りたい」と言いました。横浜のケアマネジャーと連絡をとり、見守りをお願いしました。父は地元の自治会の人や民生委員とも親しくしており、周囲の方たちに助けられながら一人暮らしをしていました。

それから10年余りがたったとき、突然「歩けなくなった」と連絡がありました。あわてて駆けつけ病院に連れて行くと、再び脊柱管狭窄症で手術となりました。そして入院している間に今度は手が上がらなくなり、1カ月後に再手術となったのです。

88歳という高齢で短期間に二度の全身麻酔をしたためか、現実と夢の境目がなくなり、認知症のような症状が現れました。ケアマネジャーに相談すると、「入院中に介護度の再申請をしましょう」と言って、要支援2から要介護4になりました。使えるサービスや福祉器具も、介護度によってずいぶん違います。父のことをよくみて先を考えてくださったことに、本当に助けられました。

仕事と介護の両立を

3カ月間、リハビリ病院にいる間に認知症状は改善。それでも一人暮らしは難しそうだと思っていると、夫が「うちに来てもらえば」と言ってくれたので同居に踏みきりました。ケアマネジャーは大事だと感じていたので、埼玉では父に合う人を自分で探しました。その方は横浜の病院まで訪ねて来て「お待ちしています」と声をかけてくださり、父もすっかり感激したようでした。

私は、その2年前に市民活動センターに就職していました。非常勤ですがとても好きな仕事だったので、「介護と仕事を両立させよ

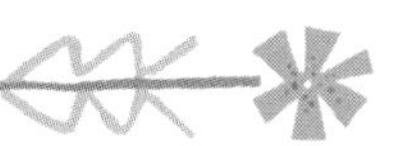

う」と考えました。父を大事にしつつ、私自身の人生も大事にしたいと思ったのです。

ケアマネジャーと相談し、週4回のデイサービスと月1週間のショートステイを組みました。家での父は歩行器で移動、リビングにどっかり座ってテレビを見ています。そうなると家主である夫は寝室に引き上げるので、私は申し訳ない気持ちでした。気が回らないところがある父でしたが、施設に気軽に行ってくれたことは助かりました。父なりの私たちへの気遣いだったと思います。ショートステイの間は夫婦で旅行へ行ったり、友人と遊んだりする時間をもてました。

施設、入院、そして看取りへ

90歳のとき、腎盂腎炎（じんうじんえん）になり1カ月半の入院。戻ってくるとウロバック（畜尿袋）を装着し、訪問看護が始まりました。夜中におむつを変える心配はなくなり、ベッドの上で便をきれいに取り出すことや、ペットボトルで洗う方法などプロの排泄ケアを教わることもできました。週4回のデイサービスと月に一度のショートステイは続きましたが、体はだんだん弱って自力ではお風呂に入れなくなり、何をするにも介助が必要になりました。

コロナによる緊急事態宣言が発令されると、私は不特定多数の人と関わる仕事なので感染が不安になり、父は老人保健施設へ。快適だったようですが、車いす生活で足腰が衰え、わが家に戻ると尻もちをついて骨折してしまいました。整形外科に入院して再び老健に戻ると、今度は尿路感染症で泌尿器科に入院。そこで食べものが飲みこめなくなり、点滴につながれてしまったのです。面会もできず、心が痛みました。

このとき父は96歳。長く診てくださっている主治医に「僕なら管につながず看取りに向かう」と言われ、考えた末に2週間の休暇を取って自宅で看取ることにしました。

　ところが、点滴を外して家に戻った父は、驚くほど復活！　夫が淹れた甘いコーヒーが飲みたいと言い、大好きなアイスクリームも食べて元気を取り戻したのです。私は2週間以上休めなかったので、その後は看取り対応を老健施設へお願いしました。10年近く通った場所なので「おかえりなさい」と迎えてもらい、それから20日後、穏やかに旅立ちました。夫や子どもにも助けてもらい、最後まで笑顔もあった看取りの時間でした。

　私は自分の生活も大事にしていたので、父には少し冷たかったかもしれません。それでも私の料理は、いつも喜んで食べてくれました。一方、施設の料理が甘いだの辛いだのと文句を言っていた父は、若いスタッフに戦争中のことなどたくさん話していたようです。食べものはわが家がいいけれど、やさしく話を聞いてもらえるのは施設。家にいたいけれど、施設にも行きたい。父にとってはそれぞれに満たされるものが違って、バランスがとれていたのかもしれないと思うのです。私一人ではなく、家族、主治医、看護師、ケアマネジャー、施設の方たち、多くの人に支えてもらった介護の日々でした。

棚橋さんの介護メモ

- ケアマネジャーの存在は大きい。何でも相談してきた。
- 父のことも大事、私の人生も大事。
- 家のよさと施設のよさ、父は両方を味わっていた。

家族みんなで協力しながら続けた義母の介護

岐阜県　赤塚眞理子　62歳

義母はもともと、わが家から車で2時間半離れた三重県津市で一人暮らしをしていました。ところが10年前、80代半ばで嚥下(えんげ)障害となり、体重も少しずつ減っていきました。買いものにあまり行っていないことも気になり、月に一度は夫と様子をみに行くようにしていました。

気持ちはしっかりしていて、足腰も丈夫。パッと見て悪いところはありません。ただ、食べることだけがうまくいかない。なぜそうなってしまったのか、よくわかりません。50代で舌がんを患ったことがあり、舌の筋肉を少し切除したことが原因かもしれません。

同意のないままの同居

三重にいるときから、義母には介護認定を受けることを何度もすすめていました。「ここに一人暮らしの老人がいると知ってもらったほうがいい」と思ったのです。本人はいやがっていましたが、地域の老人サロンで地域包括支援センターの人と出会い、自分で申請を出して要支援1となりました。

義母は、私たち夫婦に三重に住んでほしいと思っていたようです。夫は長男ですが仕事

をやめるわけにいかず、子どもがまだ学生で、私も非常勤で保健師をしていたため、その選択はできませんでした。そんなある日、誤嚥性肺炎を起こし、これ以上一人暮らしは難しいと判断。少しの荷物だけで岐阜に連れて来てしまいました。90歳のときです。

義母は岐阜に来たばかりのころ、ケアマネジャーに「私は一人で生活できる」と何度も言い続けました。しかし、どう考えても無理な状態です。「ここで暮らそう」と説得するのは私の役目でしたが、私自身もまだ同居を受け入れられず、悶々（もんもん）としているときでした。それがとてもしんどくて、当時は夫や周囲の人に思いをぶつけていました。

同居が始まったのは、２０１５年6月。でも、２０１９年6月まで義母の住民票は津市にありました。津市の管理のもと、岐阜で介護サービスを受けている状態です。こういうケースはよくあるようですが、期間限定のはず。ケアマネジャーがよい方で、たびたび書類を津市に送ってくれましたが、最後は津市から断られました。本人も「もう一人暮らしは無理」と納得。結局、住民票を移すまで4年かかりました。

食べられるものを試行錯誤して

嚥下障害のある義母には、何を食べさせたらよいか試行錯誤しました。義母の場合、おかゆはむせてしまいますが、やわらかめに炊いた軟飯（なんはん）なら食べやすいとわかりました。野菜は、初期の離乳食くらいとろとろにしたペーストを。タンパク質の調理は難しく、病院の栄養士に教わった高齢者向けのレトルト食品に頼りました。

こうして、義母の食事には必ず炭水化物、野菜、タンパク質をそろえました。すると、

1年ほどで顔色が見違えるほどよくなったのです。やはり、食べものは何より大事だと実感しました。

95歳のときには嚥下障害が悪化。すべてが食べづらくなり、少しの食事に2時間かかるようになりました。私たち家族は途方に暮れて医師に相談。すると、胃ろうをすすめられました。そのとき義母は、死を覚悟したのだと思います。しかし、頭も体もしゃんとしているので、このまま弱っていくのをみているのはつらく、まだ少し生きる方法があるのなら胃ろうにしてほしいと家族が説得し、義母はしぶしぶ胃ろうの手術を受けることになりました。

私は毎日3回、1回につき1時間の胃ろうケアのため、仕事をやめました。途中から栄養士の友人が15分でお腹に入る、胃ろう用の半固形剤を教えてくれました。それを利用するようになると、義母も私も動ける時間が増え、他の家族やデイサービスの人も胃ろうを扱えるようになり、落ち着きました。

何事も、大変なのは変化があるときです。介護する人もされる人も変化に戸惑い、ストレスがたまる。義母の場合は、同居を始めたときと胃ろうになったときでした。

介護と育児は家族で共有

いまは、ネットでもさまざまな情報が出ています。胃ろうの一件では、情報を得る大切さを感じました。また、自分たちだけで抱えこまずオープンにすることも、介護を楽に続ける秘訣だと思います。一生懸命やっていると、必ずだれかが助けてくれて、ヒントを与えてくれます。私の場合は、しんどいときにケアマネジャーが1時間でも話を聞いてくれたこと、栄養士の妹や友人が情報をくれたこ

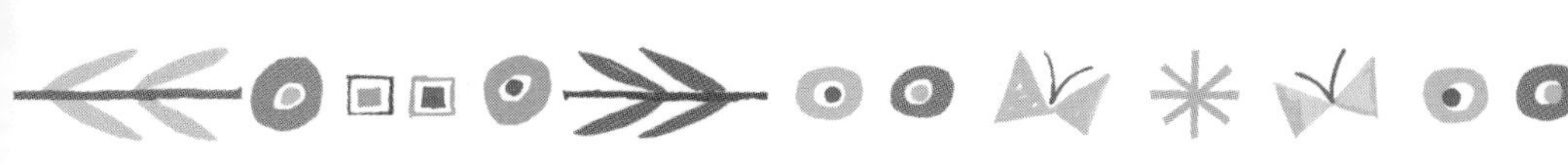

とが大きかったです。

夫は最初、私に介護を任せっぱなしでした。しかし、それでは続けることが難しいとわかってからは、何でも話して、夫や娘と協力体制を組みました。喧嘩もしましたが「介護と育児は家族で共有する」のがわが家のモットー。胃ろうについては夫がかなりの部分を担ってくれました。

また、大阪在住の義姉が、年に何度か母を預かってくれて、その間に家のリフォームもできました。家族や親戚の仲がよく、かつては義母の家に集まって合宿のように過ごしたり、みんなで旅行に出かけたりしていたことも、介護の土台になった気がします。

義母は97歳のとき脳梗塞で倒れ、救急車で搬送されました。さまざまな臓器が弱っていたため看取りの病院に移り、1カ月半ほどで亡くなりました。自立心が強く、最後までトイレも自分の足で行き、自分のことは自分でしようとする人でした。入院してからは、コロナ禍でリモートでしか会えなかったことが心残りです。

しんどいこともあったし、自分の醜い部分もみえた介護。でもマイナスばかりではなく、人への思いやりの心が芽生え、人の気持ちが少しはわかるようになった気がします。

赤塚さんの介護メモ

- 食べることはとても大事。わが家の食事で義母の顔色が変わった。
- 情報を得ることも重要。気になることは自分で調べる。
- 介護と子育ては家族で共有して乗りきる。

ローテーション表をつくり 一人暮らしの義母を家族で見守る

福岡県　木村実千代　60歳

補い合っていた義父母

　義母の認知症が目立つようになったのは、5年前に義父が89歳で亡くなってからです。義父は、60代で慢性閉塞性肺疾患（まんせいへいそくせいはいしっかん）となり、70代のころから肺炎をくり返し入院。肺の機能低下が進み、自宅で息ができなくなり、救急車で病院に運ばれたことが何度もありました。

　そんな義父と、てんてこまいな私や義妹の様子をみて、夫は60歳の定年で継続雇用はせず介護のために退職。泊まりこみのつきそいもよくしていました。そして義父は最期も救急車で運ばれ、療養型の病院に転院したあと、数カ月で亡くなりました。

　義父は、体は弱っていましたが頭はしっかりしていたので、3歳下の義母と補い合い二人で暮らしていました。周囲にいた私たちは、義父の不調に対応するので手いっぱい。義母は「私は大丈夫」と言っていたため、実情があまりみえていませんでした。

　夫は長男で、弟が一人と妹が二人。わが家は実家から車で40分くらいと少し離れていま

すが、ほかのきょうだいは私たちより実家の近くに住んでいます。以前から両親は、長男夫婦である私たちに遠慮があったのか、近くに住む上の妹にさまざまなことを相談していました。とはいえ私たち夫婦も、庭木の管理やケアマネジャーとのやり取り、役所の手続き、掃除や炊事など、状況をみながら分担してきました。

自尊心を傷つけないように

義母は83歳のときに自宅で圧迫骨折。それをきっかけに、きょうだいたちが遠慮せず、介護のため実家に介入するようになりました。当時は義父が闘病中でしたが、義母は生来のくよくよしない性格からか、病気の症状からか、義父の病状の深刻さもあまり認識できなくなり、時間の経過とともに記憶もあいまいになっていきました。

入浴をしていない様子だったので「お風呂は、大丈夫ですか？」と聞くと「大丈夫」。ほかのことでもたびたび声をかけましたが、「大丈夫、大丈夫」と答えが返ってきます。若いころからしっかりしていた人なので、助けを求めたり、愚痴を言ったり、弱音を吐いたりしません。しかし、義父が亡くなるころには排泄の失敗もあり、汚れものの始末ができなくなるなど問題が大きくなっていました。

義母が一人暮らしになって最初の半年、きょうだい（主には夫、私、上の義妹、義弟）でローテーションを組み、常にだれかがそばにいるようにしました。要介護1の認定は受けていましたが、デイサービスも拒否。しつこくすすめると自尊心を傷つけそうで手を出しにくい部分がありました。

義母は一人でいると暗い部屋のベッドで過ごすことが多く、認知症の進行が心配でした。

ケアマネジャーが上手に誘ってくれて、様子をみながら週4日はデイサービスに、週2日はリハビリ型のデイケアに通うようになり、私たちもずいぶん楽になりました。

介護を支える家族のシステム

その後も月に一度、義父の月命日には夫のきょうだいと集まって食事をし、課題を話し合い、手のかかる作業を一緒にします。ほかの日は次のような工夫をして義母を見守りました。

①兄弟姉妹嫁のグループLINEで日常的な細かいやりとりをする。
②スケジュール表をつくり、だれがいつ行くか、その日にすること、電話当番などを書きこみ、テーブルに置く。
③毎回すること、週に2~3回すること、週1、月1も表に。来訪者の記録表も。
④週の始めは、お薬カレンダーに義母と一緒に薬を入れる。
⑤毎日当番が電話する。朝は、今日の予定、食事をとったか、薬は飲んだか、体温や体調の確認。夜は、義歯を外して歯の掃除をすること、世間話や今日の出来事。

介護は長期戦。いろいろなサービスも使いながら、介護でつぶれないようにと、みんなで分担をしてきました。中心になっていたのは、ふだんから親のことを気にかけ、あれこれと世話をしてきた上の義妹です。リーダーシップをとって問題の提案をし、それに対して動ける人が動いてきましたが、おたがいが余裕を失うとよくないことも実感。うまくいかなかったときは、方法を変えながら一緒にやってきました。

以前から親戚が集まり、食事や旅行など楽しい思い出を重ねてきたことが、しんどいと

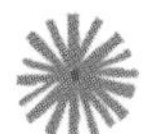

きの支えになったことも感じています。

義母、有料老人ホームへ

家族交代のつきそいと、デイサービスなどに支えられ、一人暮らしを続けてきた義母でしたが、少しずつ症状は進みました。電気製品が使えなくなり、冷蔵庫に用意した食事も食べた形跡がありません。排泄感覚が遠のき、便器のまわりが濡れたり、廊下に便が落ちていたこともありました。

食べることと排泄機能が難しくなった1年前の12月、ケアマネジャーから「在宅はもう厳しいのではないでしょうか」と言われました。本人も89歳になり、心細さがあったのでしょう。「デイサービスに併設のホームなら入ってもいい」と言い、ちょうど一室空いていたので入所となりました。

義母の家から近い施設ですが、コロナ禍で面会できない時期があり、ようやく最近直接会えるようになりましたが、私の顔も認識できないほどになりましたが、知らない人と自然に仲よくなれる義母は、施設で穏やかに暮らしています。いずれは自分も行く道。義母の意向を汲みながら、きょうだいとできる限りのところまでは介護してきたという思いがあります。

木村さんの介護メモ

- 月に一度、家族会議。週ごとにローテーションを組む。
- 家族みんなで、スマホで情報共有。
- 本人も周囲も納得したうえで、ホームに入った。

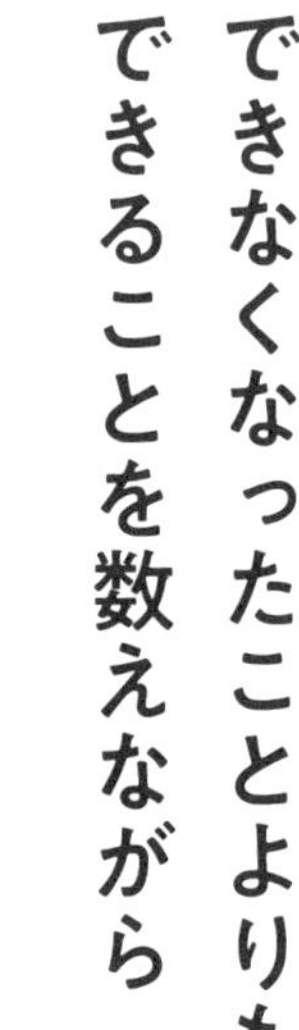

できなくなったことよりも、できることを数えながら

神奈川県　水嶋芳美　77歳

夫は片づけ魔?!

わが家のリビングは、何もものが出ていません。テーブルの上などに何か置いてあると、夫がすぐに片づけてしまうのです。夫はもともと片づけが好きだったわけではないのですが、認知症の症状が現れて以来、目に見える場所に出ているものをすべて片づけ、どこかにしまいこむようになりました。

パソコンやテレビのコンセントも、片っ端から抜いていきます。電子機器に光るランプが気になるようで、機械の裏側からすべてのコードを抜き、きっちりぐるぐる巻きにして片づけてしまうのです。元に戻すにも、どこに何が差してあったかわからず大変なことになるので、いまは機械そのものを見えない場所に置くなど工夫をしています。

夫が片づける場所は見当もつきません。「扇風機のコードはどこに行ったかしら?」と探しても、リビングの棚からは見つからず、洗面所の扉の奥から出てきたことがありました。また、コードを力いっぱい巻くため、何本ダメになったかわかりません。

先日は、台所で包丁が見当たらなくなりま

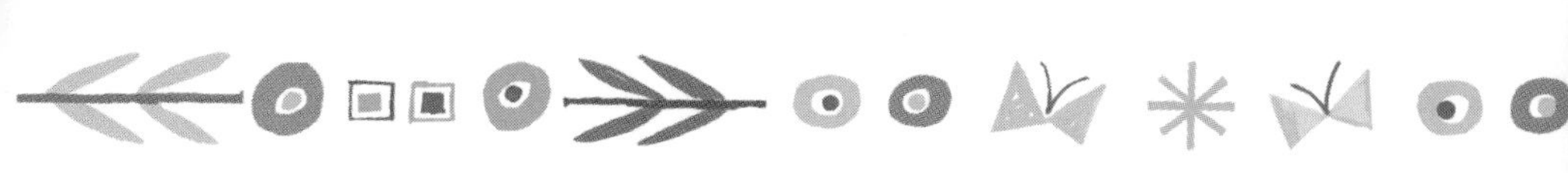

した。あちこち探すと、棚の奥の鍋の下から出てきました。おそらく、危ないと思って見えないところに置いたのでしょう。私の裁縫箱に入っている千枚通しや糸切りバサミの先端を折って、使いものにならなくしたこともあります。最初は一つひとつに腹を立てていましたが、いまは夫が見えない場所に先回りして隠すなど、私なりに対処しています。

車の免許証を返納

同じ話をくり返したり、大事なものをなくしたりすることが気になり始めたのは6年ほど前、夫が78歳のときです。

私が出かけるとき、お昼を用意してテーブルに置いても、冷蔵庫にしまって手をつけないことがありました。財布の紛失も一度ではありません。おそらく「失くしてはいけない」「泥棒が来てはいけない」と思ってのことでしょう。たんすの奥に片づけたり、カーテンの裏側に隠したりしていました。一緒に探しものをしても、本人は途中で探していることを忘れてしまいます。「お財布あった？」と聞くと「え、何だっけ？」という具合。私のイライラは募っていきました。

長年車のデザイナーとして働き、車が好きな人です。私が出かけるときはたいてい送迎をしてくれましたが、迎えの場所になかなか現れず、おかしいと思うこともありました。時間の概念もなくなってきたようで「早く、早く」と夫を急かすことが増えました。

ある日、友の会の集まりに遅刻しそうになり、「今日は私が自分で運転する！」と半ば強引に出かけました。帰宅すると、駐車場に下水管の清掃業者がいてびっくり。見積もりもなく飛びこみで夫の許可をもらい作業をしていたとのこと。お金はあとでいいと言った

ことなどを聞き、作業を中止してもらいました。朝の自分を反省し、夫を問いつめることはしませんでした。

翌年の後半には、免許書き換えのための認知機能検査の通知が来ました。その後、検査結果が届きましたが、これも夫が片づけたため私は気づかず。通知が来ないと思って試験場に問い合わせると、想像以上にひどい結果でした。その後、病院で診察を受けてアルツハイマー型認知症と診断されました。4年前の2月、80歳のときです。「まだ運転をやめるのは早い」と夫は主張しましたが、医師は「もう無理ですよ」ときっぱり。その足で免許を返納に行きました。本人もそのときは「仕方がない」と納得したようでした。

ただ、返納したことをすっかり忘れ、いまでも運転しようとすることがあります。二人で買いものに行き、車の中で待ってもらっていると、いつの間にか運転席に座っていてドキッとさせられたことも。免許証の返納証書を見せると抵抗はしませんが、その後は一人で車に待たせることはしていません。

変わらずゴルフの練習場へ

介護申請をし、地域包括支援センターなどでの手続きを経て、要介護1の判定が下りました。夫は自分のことができなくなったわけではないので、要支援程度かと思っていた私は、少しショックでした。このときはケアマネジャーをしている知人にずいぶん相談に乗ってもらいました。そこから紹介してもらったのがいまのケアマネジャーです。周囲には自分の介護経験を話してくれる人もいて、とても励みになりました。

現在、夫は週に2回、リハビリのためのデイケアに半日通っています。それ以外に唯一

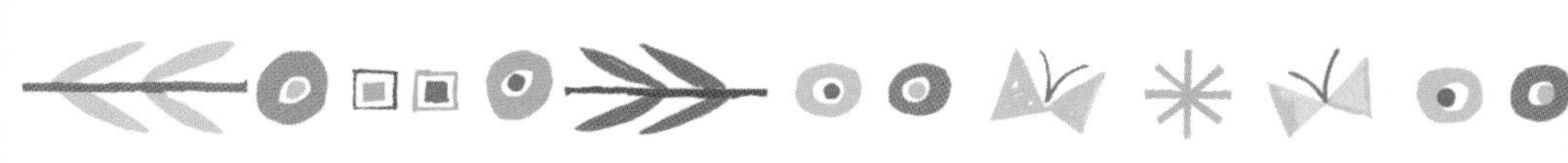

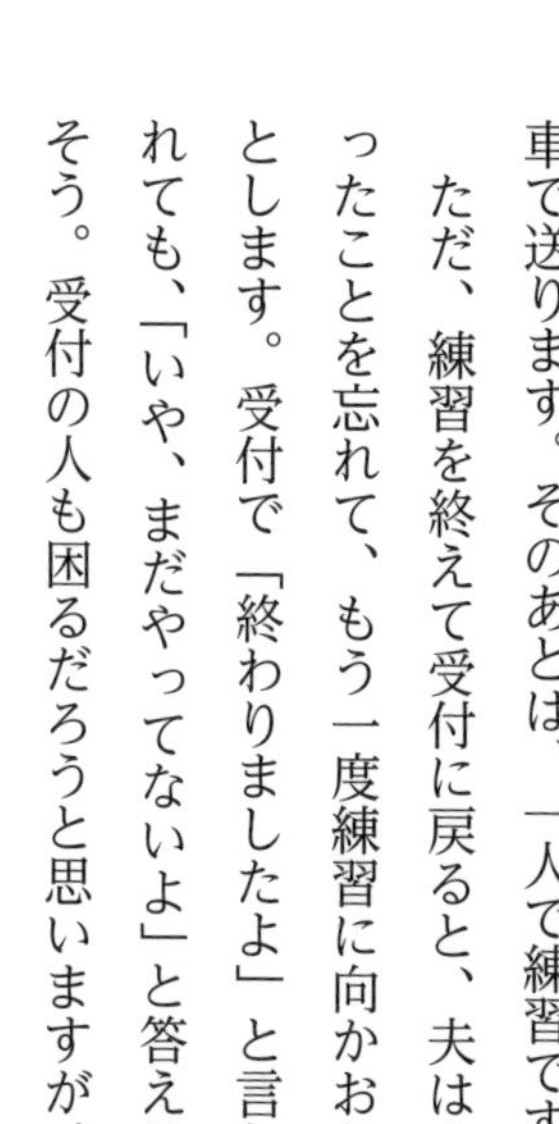

通えるところは、ゴルフの練習場。自宅から歩いて行くことができますが、たいてい私が車で送ります。そのあとは、一人で練習です。ただ、練習を終えて受付に戻ると、夫はやったことを忘れて、もう一度練習に向かおうとします。受付で「終わりましたよ」と言われても、「いや、まだやってないよ」と答えそう。受付の人も困るだろうと思いますが、なかには上手に対応してくださる人もいます。「また明日、来てくださいね！」と声をかけられると、夫は機嫌よく帰って来ます。

練習場の支払いはプリペイドカード。夫の財布の中にはこのカードしか入っていません。練習場の人もよくわかっていて、夫が財布を取り出すと「そのカードですよ」と対応してくれます。おかげで、以前と変わらず練習場に通うことができています。

室内に築かれたバリケード

そのほかの大きな変化は、戸締りを厳重にするようになったこと。夜になると、1階と2階を上がったり下りたりして、汗びっしょりになるまで何度も確認しています。外から人が侵入しないかを心配し、窓際にいすなどを積み上げバリケードを築き、開いた2つのドアのドアノブとドアノブを電気コードでぐ

るぐる巻きにしています。「どうしてこんなことをするの？」と聞くと、大真面目に「物騒だから」と。家族を守らなければという気持ちがとても強いのかもしれません。

いまは一時期より少し落ち着いて、バリケードは2階だけになっています。私たちの寝室を1階に移したこともあり、生活に困ることもないので、気がすむまで好きなようにやってもらうことにしています。

以前、私は「こんなこと、やめて！」と怒ったことがありました。すると夫がカッとして、手に持ったコップを投げて割ってしまったのです。ふだんはとてもやさしい人なので、本人も驚き、破片を自分で掃除していました。その様子をみて、問いつめたり指摘したりするのはもうやめようと思いました。

認知症のグループホームで働く娘からは、「ひと呼吸置いて、上手にスルーすること」「特に寝る前には平安な気持ちで眠りにつくこと」が大事だと教わりました。イライラしないで接するようになってからは、生活はずいぶん穏やかになった気がします。

手をつないで散歩

昨年、私自身が腹痛と吐き気におそわれ、下血もしたため救急車を呼びました。「ご主人は家にいてください」と言われましたが、「無理です」と説明し、一緒に病院へ。近くに住む娘が来てくれたので助かりましたが、虚血性腸炎で4日間の入院となりました。

そのとき思ったのは、高齢の私自身がいつ倒れるかわからないということ。娘も病気になったことがあり、先のことはわかりません。いざというときにはショートステイがありますが、ふだんサービスを利用していない人が預かってもらうのは難しいと聞きました。シ

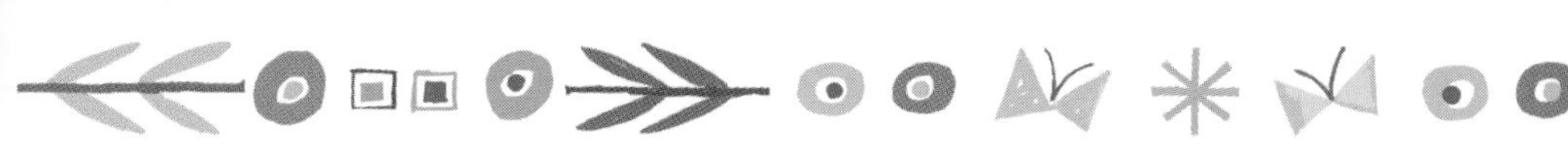

ョートステイの準備のためにも、近くの介護施設を見学しましたが、施設の人から「どのような方か知っておきたいので、ときどきデイサービスなど利用してほしい」と言われました。ケアマネジャーにも同じことを言われていますが、なかなかふんぎりがつきません。私のいまのいちばんの課題です。

夫の介護を始めてから「ユマニチュード(31ページ参照)」を学びました。それ以来、散歩のときは手をつなぐようにしています。もう何十年もつないだことなどなかったけれど、夫は拒否しません。きっと安心できるのでしょう。

介護認定を受けてから間もなく4年。できなくなったことを細かく書き出すと、その多さに途方に暮れてしまいます。でも私は、まだできることをみていたい。夫は台所のシンクをきれいに磨いてくれるし、アイロンもかけられる。洋服は半分以下に整理して、上下どの組み合わせでも合うようにそろえたら、自分でちゃんと着こなしています。ゴルフの練習場からも一人で帰って来られます。

夫は最近、要介護2となりました。先のことはわからないし、最後まで介護できる自信もありません。でも、この穏やかな生活をなるべく長く続けられるようにと、毎日それはかり祈っています。

水嶋さんの介護メモ

- 問いつめたり指摘したりせず、上手にスルー。
- 着るものは半分以下に整理。夫の好みの色で上下どれでも合うようにした。
- 手をつないで夫婦で散歩する時間を大切に。

父が父らしく生きられるように、姉妹交代での実家通い

北海道　奈良銘子　64歳

私の両親は、北海道のニセコに近い京極町で、農業をして暮らしていました。じゃがいも、米、それに酪農。さまざまなものを手がけていましたが、私たち姉妹が結婚して家を出たため跡継ぎがおらず、父が65歳になったときに農業をたたみました。

それから両親は趣味に生きがいを見出し、二人でガーデニングをしたり、家庭菜園で野菜をつくったり、悠々自適の暮らしでした。

父は認知症、母は胃がんに

父の記憶力があやしくなったのは、80歳を過ぎたころです。おかしいと感じていた母は、「脳外科で診てもらおう」と父にすすめましたが、「俺はどこも悪くない」となかなか首を縦に振りません。困った母は「頭痛がするから病院に行く。父さんも一緒に行かない？」と作戦を変えて誘い出しました。そうして二人一緒に病院で検査を受けると、アルツハイマー型認知症の診断でした。

一方、母はその2年後に胃がんになり、抗がん剤治療が続きました。通院は一日がかりなので、その間父を一人にしておくのは不安です。父は、体は丈夫で足腰もしっかりしていますが、少し前の記憶もなくなるし、食事をしたことも忘れる。衣服の着替えも難しく、季節の感覚もなくなっていました。

介護認定を受けているので、デイサービスに通えばよいのですが、父は頑として行きません。「元気なのに、なぜそんなところに行かなきゃいけないんだ」と言うため、結局一度も行ったことはありませんでした。

そこで私と妹は、母が病気になったころから、実家に交代で過ごすようになりました。月曜から金曜の夕方までは私、週末は妹の担当です。おたがい実家までは車で2時間かかるため、通うのが大変ですがやむをえません。

不在中の夫の生活も気になり、自宅に戻ったときにはつくりおきのおかずを用意するなど、できる限りの家事をしてから、実家に通いました。母は2020年3月、父のことを心配しながら85歳でこの世を去りました。

行方不明になった理由

父は認知症になってから、二度ほど行方不明になっています。一度は埼玉の親戚の家へお葬式に行ったとき。忽然(こつぜん)と姿を消し、お葬式どころではなくなりました。いくら探しても見つかりませんでしたが、どういうわけか一人で北海道の自宅に戻っていたのです。お金は持っていたので人に聞きながら羽田にたどり着き、飛行機で千歳空港に飛んで、タクシーで帰宅したようでした。

もう一度は、札幌でした。京極町は田舎で寒さが厳しいため、冬の間だけ両親は札幌に住んでいたことがありました。家を出たまま帰らず、夜遅くに見つかったときは胸をなでおろしました。これらの事件で感じたのは、父が帰ろうとするのは京極町の家で、暮らし慣れたところがいちばんだということです。

家にいても、食べものがないと心配になる父は、極寒のなか、買いものに出てしまったことがありました。商店のある地域までは2kmほど。車はもう運転できないので、歩くしかありません。たまたま除雪をしていた隣家の人がおかしいと気づき、車で後ろからついて行ってくれました。そしてコンビニでパンを購入した父に、偶然の出会いをよそおって声をかけ、家まで送り届けてくれたのです。親切がとてもありがたく、知り合いに囲まれて暮らすのも大事だと感じました。

父は、長年やり続けていることなら体が自然に動きます。毎日外に出ての草むしりや水やり、冬は除雪。そして食事は時間になったらきっちり食べます。どうしても私や妹が出かけなければならず、一人になるときは食事をテーブルに用意し、大きな字でメモを残しておきます。冷蔵庫に入れるとわからなくなるので、夏場は保冷剤の上にお皿をのせて傷まないよう工夫しました。

膵臓（すいぞう）がんであっという間に

2021年の夏は北海道も猛暑が続きましたが、父は相変わらず外でよく作業をしていました。秋になって突然体調を崩し、病院に行くと膵臓がんが発覚しました。直前まで食事もおやつもよく食べていたので寝耳に水でした。膵臓はものいわぬ臓器、わかったときはかなり進行していたようです。

「手術ができないから、家で好きなように暮らすことをおすすめします」と医師に言われ、週に一度の訪問診療と、看護師が毎日来てくださることに。母のときは入院していたので間に合いませんでしたが、家での看取りについて相談し、覚悟もできました。そして妹と一緒に、最期は父の手を握りながら穏やかに見送ることができたのです。がんの診断からわずか2週間後、89歳でした。

自宅と実家を行き来する生活をしているときは、「いったいいつまで続くのだろう」というストレスはありましたが、雄大な羊蹄山(ようていざん)の景色を見ながらの毎週のドライブに、心が癒やされていました。また、実家の近くにいる友人とのおしゃべりや、友の会に参加すること、家庭菜園をしたこともリフレッシュになっていたと感じます。

父の場合、食事や入浴、排泄などの介助はほとんど必要ありませんでした。もっと大変な介護をしている方もたくさんおられると思います。私にとって介護は、親との時間を大切にすること。置かれた状況のなかで父が父らしく生きられるように寄り添うことだったと思います。

奈良さんの介護メモ

- 父がいちばん落ち着く家で過ごしてほしかった。
- 一人で留守番になるときは、食卓にごはんとメモを置いて。
- 毎週車で2時間かけて実家へ。ドライブも気晴らしになった。

ゆっくり子どもに戻っていく母と成長していく子どもたちと

福岡県　安藤朋子（仮名）　43歳

母が認知症と診断されたのは17年前、62歳のときでした。いわゆる若年性認知症です。私は当時26歳でした。まだ若いのにと、とてもショックを受けたことを覚えています。本人もショックを受けたはずですが、その思いを母は言葉にしませんでした。

母を支えたいという気持ち

実は私の両親は、結婚前に母の実家に挨拶に行った帰りに交通事故に遭いました。父は軽傷でしたが、母はしばらく寝たきり状態になり、後遺症でいまも目の焦点が合いません。足にも障害が残る状態です。

でも私は、生まれたときから母に育てられてきたので、それが当たり前。友だちのお母さんとは少し違う母を、幼いころから支えたいと思っていた気がします。家から通える大学を選び、半年間の海外留学以外は実家、または実家の近くで暮らしてきました。

病院などにもできるだけつきそうようにしていました。別の病気でかかった内科で「お母さんは年齢の割に、言葉の理解が難しいようですね」と言われ、脳神経外科に紹介状を書いてもらったときも一緒でした。母のこと

を「人より空気が読めないな」と感じることはありましたが、まさかそこまでとは思っていませんでした。気づいてくださった内科の先生には本当に感謝しています。紹介された病院はデイサービスなども行っていて、すぐに介護認定を受けるよう手配してくださり、要支援からスタートしました。

お母さんのせいじゃない

実家がいまの場所に引っ越したのは、母が病気になる3年前でした。父の退職と同時に老後を考えてバリアフリー住宅を建てたのです。車があれば便利なところですが、周囲は何もない田舎。母は運転免許もなく、自転車も乗れないため、一人で家に引きこもるようになりました。以前は近所に友人がいましたが、すぐに会える人もいない。平日は私も仕事で不在だったため、「寂しすぎてどうにかなりそう！」とよくこぼしていました。認知症の原因はわかりませんが、家族としてはいろいろと思うことがあります。

それでも介護認定を受け、週に一度デイサービスに通い始めたとき、母が人と接することができるようになってよかったと思いました。認知症ではあってもふつうの暮らしを続けることができたのは、薬が合ったのでしょうか。進行はとてもゆるやかでした。

当時、母に「お母さんがいるから、あなたはいつまでも結婚できないんじゃないの？」と言われたことがあります。「そうじゃないよ。お母さんのせいじゃないから」と答えましたが、その言葉を思い出すと、いまでも涙がこぼれそうになります。

私は30歳で結婚。車で10分の場所に4年ほど暮らし、夫の理解を得て一人目の子どもを妊娠中に実家の敷地内に家を建てました。出

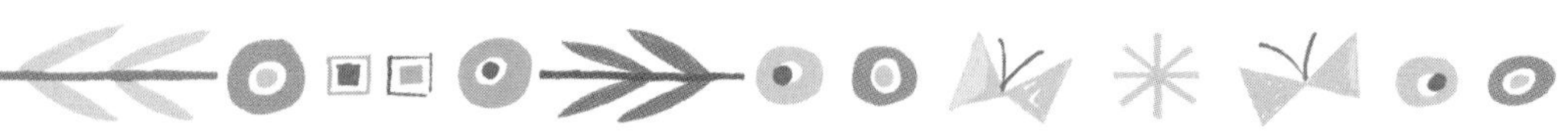

産と同時に退職。子ども好きな母は、しょっちゅう孫に会いに来て遊んでくれました。子どもは成長していきますが、母はゆっくりと子どもに戻っていきます。上の子のペースと母のペースがちょうど同じで、気が合う二人はよく一緒に遊んでいました。

頼れるところは人に頼る

75歳のとき母は脳梗塞で倒れました。手術と入院で認知症が進みましたが、リハビリ病院から戻って来られました。ホッとしたのも束の間、翌年2回目の脳梗塞に。

そこからが、本格的な介護になりました。歩行器を使って歩くのですが、夜中に玄関に座りこんでいたり、トイレに起きてもそのましゃがみこんで、失禁していることがありました。感情の起伏が激しく、デイサービスの日の朝は布団をかぶったまま「行かん、行かん！」と叫びます。「おやつを持って来たから食べて」と、母の好きな甘いものを持って行ってなだめると、ようやく起きてきました。

さらに77歳のとき脳出血で倒れてからは、高次脳機能障害や失語症などの後遺症が残り、要介護3に。高齢の父が夜中に一人で世話をすることは肉体的にも精神的にも負担が大きく、かといって私自身は子どもが小さいため母のことを優先することもできず、もどかしい日が続きました。

以前の私はどうしても自宅で母をみたいと思っていましたが、一緒に住んでいる父がそれを受け入れないことには難しく、人に頼れるところは頼ろうと、考え方が変わりました。プロの仕事をみて、お任せするのも悪いことではないと思えたのです。いま母は、特別養護老人ホームの入居待ちで、老人保健施設に入居中。体調の変化にも対応し、リハビリもしてくださるので、母はつかまり立ちができるまでに回復しています。

介護を続けてきてよかったのは、医療保険に加入していたこと。私が独身のころ、母が保険に加入していないと知り、何かあったときのために加入。脳梗塞になったとき、その保険が役立ちました。介護にかかる費用の減免手続きなどは、ケアマネジャーに教えていただきました。知らない制度もあったので自分でも調べて市役所に尋ねに行きました。家計の負担を抑えるためにも、情報を集めて必要な申請ができ、よかったと思います。

最近、私は在宅で仕事を再開しました。母が隣家にいるときは、常に気がかりで心配でしたが、こうして自分の時間をもち収入を得ることも、いまは大切だと思えます。母には一日も長く生きてほしい。後悔しないよう子どもたちを連れて今日も施設に通います。

安藤（仮名）さんの介護メモ

- 人に頼れるところは、頼ることが大事。
- 医療保険に加入していてよかった。
- 介護保険サービスなど、かかる費用の情報を積極的に集めた。

介護COLUMN ❶

要介護4から寝たきりへ、在宅介護費用はおよそ2.2倍に

廣重美和子

三重県在住の廣重さんは現在80歳、88歳になる夫を自宅でみています。夫の介護度が進んだことで医療費や介護費にどのような変化があったのでしょう。かかった経費についての詳細な記録と、在宅介護を選んだ理由を教えていただきました。

5年前のある冬の朝のこと。目覚めると、ベッドから滑り落ち呆然として口がきけず、座り込んでいる夫がいました。あわてて救急車を呼び、病院へと搬送、大腿骨頸部骨折（だいたいこつけいぶ）と判明しました。手術とリハビリで3カ月間の入院。その間私は毎日病院に通い、消灯まで共に過ごすというつきそい一色の日々。加えて在宅介護の準備のため、理学療法士、リハビリ担当医、介護保険福祉用具や医療担当会社のスタッフ、ケアマネジャーなどとの相談を重ねました。トイレ内に設置する手すり、介護ベッド、歩行器、車いすを介護保険で借りる準備をし、ベッドのそばで使うポータブルトイレは購入しました。

要介護4で1カ月平均5万円弱

退院時は要介護4、その後要介護3になりましたが、翌年認知症が進んで要介護4に。この間、週3、4日のデイサービスへの通所やリハビリ、通院（乗降の手助けが必要なため、ヘルパーによる有償送迎）などをくり返しながら、全面的に私が自宅での介護をしてきました。介護にかかる費用は月平均5万円ほど。デイサービスやショートステイなどの日

数、介護タクシーの利用回数によっては、2万円ほど増額する月もありましたが、介護保険のありがたさを感じてきました。外出時は車いすですが、自宅では歩行できるように介助し、食事をバランスよく整え、少しでも居心地のよい暮らしをと努めました。

実は夫は、70代後半で帯状疱疹を発症し、治療時の薬剤により脳に支障をきたしました。そんな状況から当時、私自身も心拍数が上がったりパニック障害を起こしたりと体調が悪化。遠方への通院の日々が5年ほど続き、その間の治療費や高速代の支払いは、計250万円を超えました。

また、精神的な不安とお金への心配が募った夫は冷静な判断ができなくなり、老後の資金にと運用していた株を突然手放してしまいました。結果は、大きなマイナス。貯蓄は一気に目減りしました。医療費が大きくなり始めたときに、蓄えが突然乏しくなってしまったのです。それでも、夫が会社員として真面目に働き続けてきたこともあり、年金受給額は当初、夫婦二人で月に36万円（手取り）ほどと、とても恵まれた額でした。

21万円の年金から10万円の医療・介護費の不安

けれどもいま、今後の介護生活を思うと、お金への不安は尽きません。年金の受給額はおよそ30年間で年々減り続け、現在は夫婦二人で月額21万円（手取り）ほどです。そして、夫は半年前に誤嚥性肺炎（ごえんせい）による呼吸困難を起こし、再び救急搬送。全身が硬直して寝たきりとなり、胃ろうを取り付け、およそ2カ月入院しました。要介護5となって退院、現在は私が在宅でみる日々です。

医療・介護にかかる費用は、月平均10万円

（詳細は表参照）と、2.2倍に増えました。これでもまだ抑えられているほうです。私自身も背骨を痛めていて万全の体調ではないなか、これがいつまで続くのかと心配はふくらむ一方。ケアマネジャーと一緒に介護や看護にかかる時間と内容を細かく見直し、１００円単位の削減をしています。

家計の支出は「ちりも積もれば」。小さな出費もいずれ大きな額になるので、専門的なことがわからない私にとって、丁寧に相談にのってくださるケアマネジャーには感謝しかありません。ただ、費用の見直しはバランスが大事。リクライニング車いすや介護ベッドなど、夫の生活に直結するものは少しでも快適にと、グレードのよいものを使っています。

在宅介護を続ける理由

わが家の場合、在宅介護と施設入所のどちらのほうが費用がかからないのか比較してみますが、在宅のほうがまだ経済的なようです。また、私の負担が大きいことから、「なぜ、施設に入れずに在宅介護をするのですか？」とご心配いただくことも。実は、これには私のなかに大きな理由があります。

37年前、21歳だった娘を突然亡くしました。外出先で倒れた娘は、そのまま天に召されてしまいました。そのときの何もしてやれなかった思いが自分の心に澱（おり）のように積もり、家族をみたい、後悔したくないという気持ちが大きいのです。

夫婦ですから些細な喧嘩や、わがままなふるまいもあり、しんどいこともありますが、夫が一つの人格をもった人間として、人生を全うできることを願い、向き合っています。笑顔が印象的な夫に、私もできるだけ笑顔で接し、支えていきたいと思う日々です。

2022年　夫の 医療費と介護費用

＊年金収入手取り21万円(月／夫婦)＊介護保険自己負担1割

単位：円

			要介護4のときの3カ月平均	要介護5の現在の3カ月平均	内容ほか
医療費	医療保険	診療	3,160	0	
		訪問診療	0	11,490	
		薬剤	1,787	7,089	
		訪問看護	0	0	
		入院	0	22,265 レスパイト入院3.3日	レスパイト入院＝介護者が休息を取るために、介護が必要な人を入院させること。1回平均3、4日。この費用は必要不可欠。この間、自分の通院をしたり、銀行や時間のかかる買いものなどに行く。
		入院セットレンタル	5,078	2,764	
介護費	介護保険	デイサービス	19,704	0	
		ショートステイ	3,286	0	
		ヘルパー有償送迎	4,237	0	
		訪問看護・リハビリ	0	19,200	●訪問看護は週3回(90分1,125円を2回、60分821円を1回)。月2万円を超えないように30分単位で見直しし、口腔清掃や爪切りは自分ですることも。発熱、痰吸引の回数が増えると金額アップに。 ●リハビリは身体機能回復：40分586円、嚥下機能回復：40分586円を週1回ずつ。
		訪問入浴	0	10,722	1回1,459円を週2回。洗うだけでなく、全身をチェックして健康状態の確認、傷の手当ても。
		福祉用具(1割負担でレンタル)	2,633	3,792	特殊介護ベッド＋その付属品(2,200円)、リクライニング車いす、車いすでの出入り用スロープ2本の費用。
		福祉用具(介護保険適用外レンタル)	0	5,970	小型卓上吸引器(5,170円)、胃ろう点滴台(800円)は、介護保険が使えないため、リース料が高額に。
		介護タクシー	1,560	9,050	実費のため高額に。身体障害者手帳が発行されると割引されるため、申請中。タクシー会社により料金差があるほか、病院内介助はプラス1,000円。
		おむつ・パッド類	4,572	5,504	腎臓機能を落とさないための水量を体調しだいで増やすと、尿量も増え、尿パッドの消費量がアップ。
		その他介護に必要なもの	1,181	5,100	胃ろうの器具の消毒のための薬剤、体を清潔に保つために必要な用品など。
		支出合計	47,198	102,946	

マンガ

介護のココロ

作：古野崎ちち子

その❶ また来てね

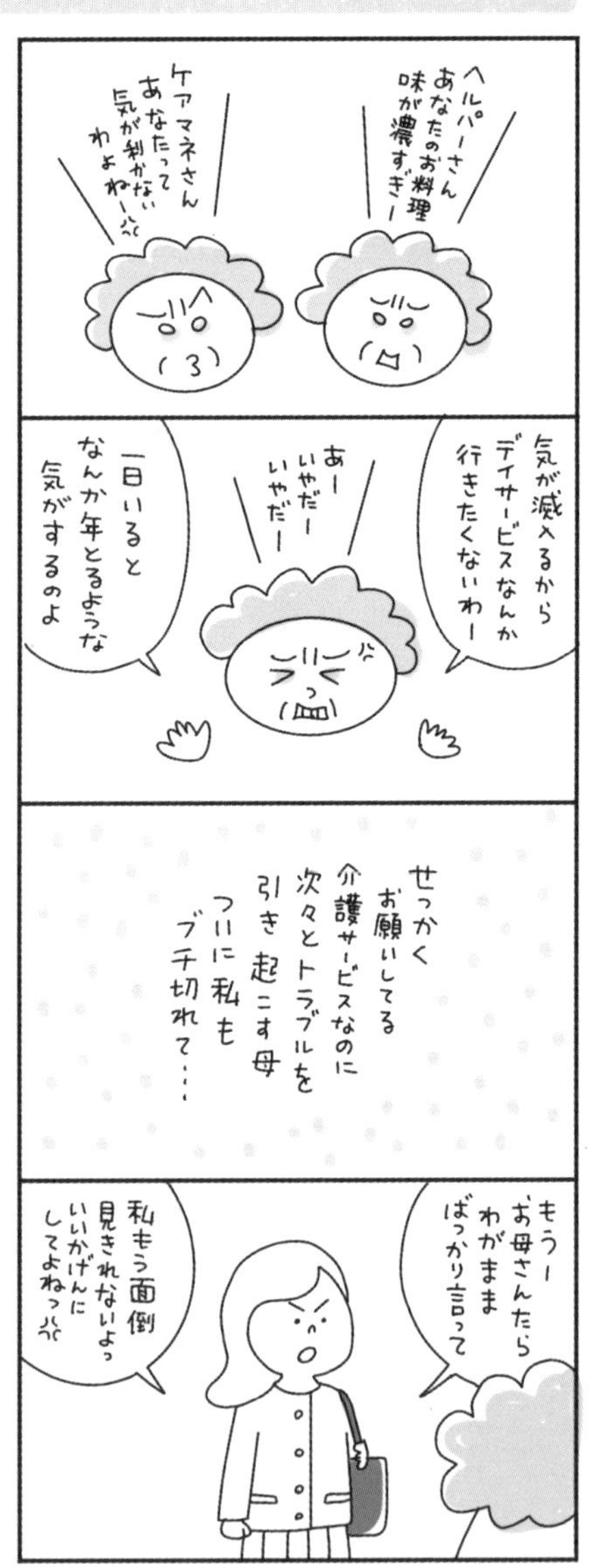

＊マンガはすべて、作者の実体験とアンケート内容からヒントを得ています。

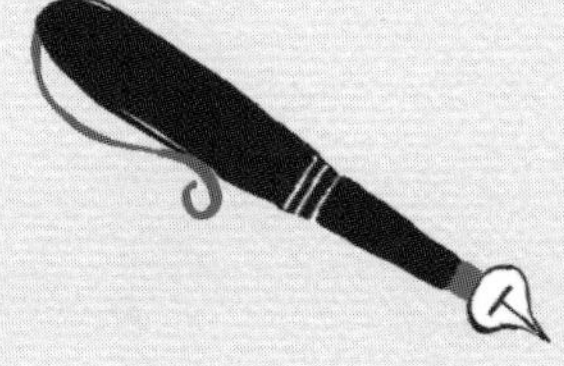

第2章

介護のはじまり

アンケートより

前もって介護の準備をしていましたか？

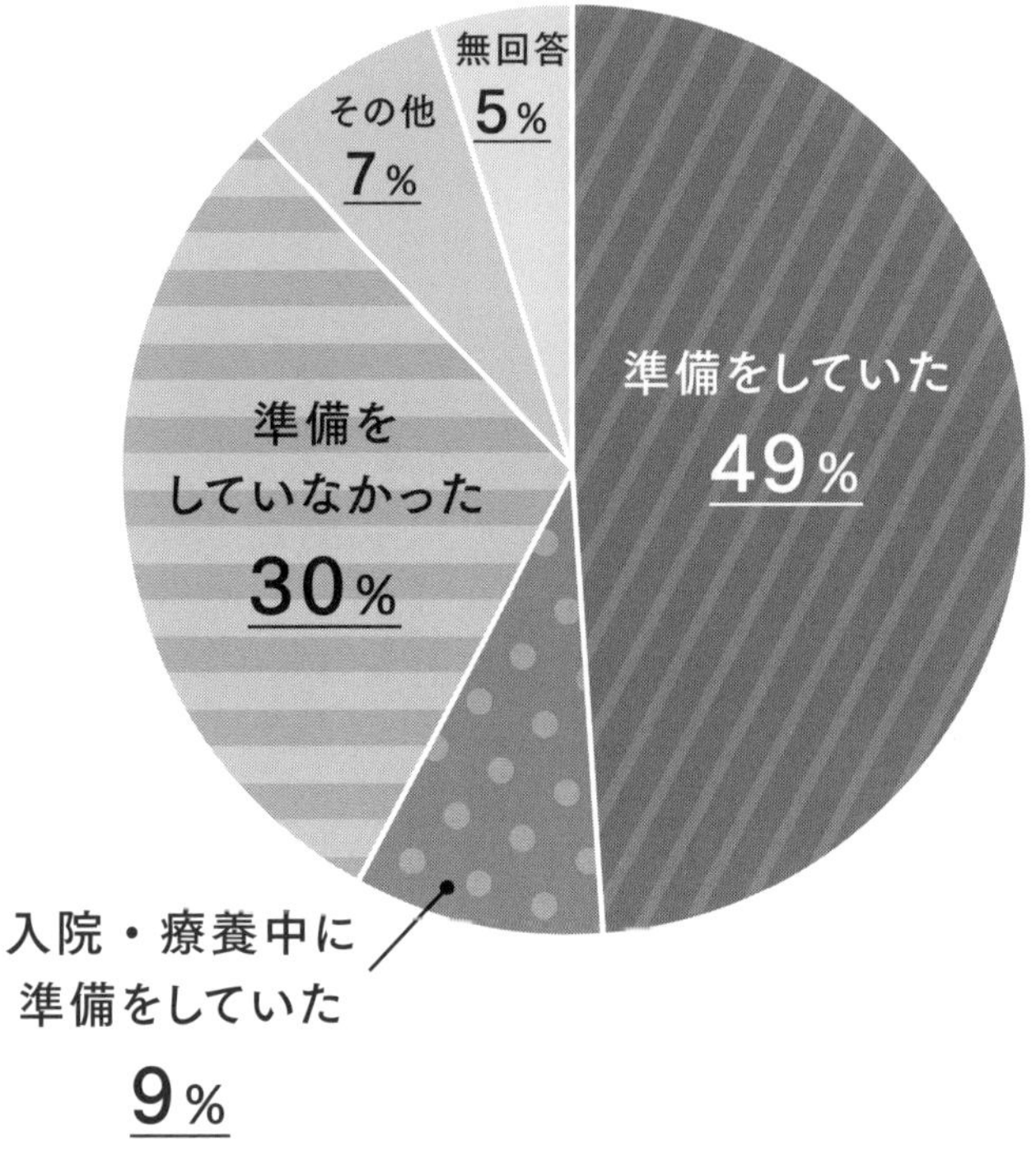

準備をしていた
49％
入院・療養中に準備をしていた
9％
準備をしていなかった
30％
その他
7％
無回答
5％

「準備をしていた」が49％、「入院・療養中に準備をしていた」が9％で、合計58％。約6割の方が何らかの介護の準備をしていました。

「準備をしていなかった」は30％、「その他」は7％で、もともと、バリアフリー住宅にしていた、その前に在宅介護をしていたことで、準備を必要としなかったなどの回答がありました。

準備をしていた

●本人が前日の夕食に何を食べたか思い出せず、不安を感じていたため、病院で認知症予防のための診察を受けていた。

（愛知県　M・T　79歳）

●認知症の介護は4人目だったので、夫の認知症に対する気づきは早めでした。専門医の診断を得ることが大切と考え、受診し、まず気持ちを落ち着かせました。そして、一日の生活をシミュレーションし、できる限り落ち着いた介護をしたいと思いました。それが私のなかでの介護の準備だったと思います。

（福岡県　K・K　78歳）

●10年前より、嚥下障害や体重減少、あまり買いものに行かない、外出しない、そんな様子がみられたため、月に1、2回様子をみに行っていた。運動や嚥下体操をすすめ、とろみをつけた食事づくりを考えたりしていた。介護認定も受けていた。（岐阜県　A・M　60歳）

●地域包括支援センターの方に相談、アドバイスをいただいていました。

（福島県　T・H　58歳）

●12年前に実母を看取ったとき、部屋の周囲に手すりを取り付けてあった。部屋もトイレもバリアフリーになっていたので、とても助かった。

（福岡県　T・Y　78歳）

●二世帯住宅に新築したとき、バリアフリーにして手すりも付けた。（香川県　H・K　69歳）

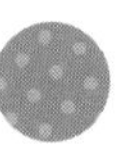

入院・療養中に準備をしていた

●義母と同居をしたときに家を新築したので、車いすを使えるようにバリアフリーの床にした。トイレは設計士さんの提案で義母の部屋の隣にし、広さも車いすが使えるように配慮をしている。（山口県　Ｈ・Ｍ　71歳）

●夫が入院中、娘夫婦がケアマネジャーさんと相談し、退院後、自宅介護を始めるための準備を進めてくれていました。ケアマネジャーさんが訪問サービスをすべて整えてくれました。（福井県　Ｙ・Ａ　82歳）

●友人から「関わってもらっているケアマネジャーさんがとてもよい人だから」と紹介してもらい、夫の退院の日までに訪問サービスをすべて整えてくれた。（北海道　Ｉ・Ｍ　72歳）

●介護保険制度が始まった当初から制度について調べていました。家族以外の人が出入りすることに母に慣れてもらうため、要支援のときからヘルパーさんに入ってもらって準備をしていました。（大阪府　Ｈ・Ｔ　69歳）

●主治医、地域包括支援センターの人以外にも20人くらいで集まり、夫の入院中に退院後の療養計画を立ててくださいました。（鹿児島県　Ｎ・Ｅ　88歳）

●リハビリ病院を退院するまでに理学療法士さん、ケアマネジャーさんたちが自宅に来て相談し、退院後に必要な手すり、ポータブルトイレなどを準備しました。（三重県　Ｈ・Ｍ　78歳）

準備をしていなかった・その他

●二人とも高齢なので入院の準備はしていましたが、４年ぐらいの間でじわじわとできないことが増えていったので、そのつど、考えたり相談しながら対応していきました。どんな状態になるのかわからないので、前もっての準備は考えにくかったです。
（鳥取県　Ａ・Ｎ　87歳）

●突然のことだったので、何も準備をしていなかった。
（北海道　Ｎ・Ａ　77歳）

●何もしていませんでした。夫は自分でよく気をつけていたので、安心していました。
（徳島県　Ｙ・Ｙ　80歳）

●家のすぐそばに地域包括支援センターがあり、父の介護のときに家族会に参加し、相談していた。そのことが母の介護で役に立った。
（愛知県　Ｙ・Ｍ　65歳）

●父の介護のときに、父母の部屋の隅にトイレをつくった。いまは母一人となったが、脳梗塞で退院するときに、ベッドをトイレの近くに移動した。母が一人でベッドを降りてトイレに行けるので助かっている。
（岡山県　Ｎ・Ｋ　74歳）

現在、利用している介護サービスは？

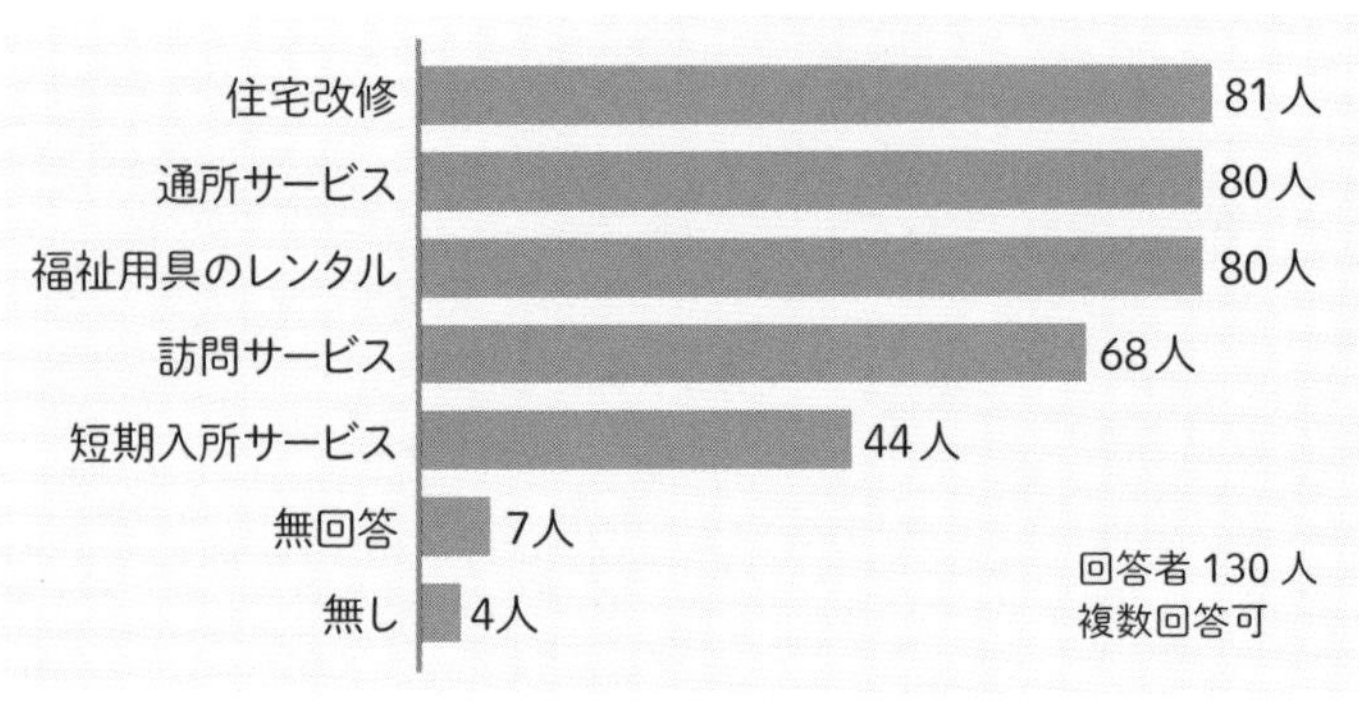

利用している介護サービスのトップ3は、住宅改修、通所サービス、福祉用具のレンタルでした。６割以上の方が手すりを付けるなどの住宅改修を行っています。

また、福祉用具のレンタルでは、介護ベッドに続き、手すりや歩行補助具といった歩行を助ける用具に需要が高くなっています。

訪問サービスでは、ホームヘルパーより、訪問看護サービスを利用しているという結果になりました。

訪問サービス利用者に聞きました

どんなサービスを利用していますか

1位 訪問看護
2位 ホームヘルパー
3位 訪問医療
3位 訪問リハビリ
5位 訪問入浴

福祉用具のレンタル利用者に聞きました

何をレンタルしていますか

1位 介護ベッド
2位 タッチアップ、手すり
3位 歩行補助具
4位 車いす
5位 床ずれ防止具・入浴補助具

介護サービスを利用して思うことは？

●先生、看護師さん、リハビリ入浴と週5日はだれかが来てくださるので心強いです。夫は看護師さん、理学療法士さん、ヘルパーさんへの感謝の手紙を書き、とてもよい関係です。

（徳島県　Y・Y　80歳）

●往診、訪問看護、リハビリの方々が毎日、学校の時間割りのように組み合わせて来て車いすの夫の世話をしてくださるので、とても助かっています。感謝の気持ちでいっぱいです。

（福井県　Y・A　82歳）

●夫がお世話になっている病院の訪問看護は24時間対応システムなので、何かあると夜中でも対応してくださり、担当医とも直結しています。介護者は私一人ですが、安心して自宅療養できています。

（長野県　T・A　75歳）

●認知症の叔母の往診に来てくださる先生は、いつも往診の最後に叔母の手を握ってくださる。「1カ月分のパワーをありがとうございます」と私が言うと、「おばちゃんから私もパワーをもらっている」と言ってくださって、とてもうれしく思った。

（富山県　Y・S　62歳）

Q&A

介護の準備と介護保険について

介護保険制度の仕組みや申請の流れなどについて、厚生労働省の社会保障審議会介護保険部会委員を務めていた結城康博さんにお答えいただきました。

回答

結城康博

ゆうき・やすひろ／淑徳大学総合福祉学部教授。社会福祉士、ケアマネジャー、介護福祉士の資格をもち、地方自治体や地域包括支援センターで業務に従事した。

Q

一人暮らしの義母は、もともと気丈な性格のせいか、まったく私たちを頼ろうとせず、ご近所づきあいもそれほどあるとは思えません。最近、もの忘れも増えてきていますので、義母に何かあったときのことを考えると、準備しておくことがあるのではないかと不安です。

（岡山県　T・K　48歳）

A

お義母さんは人生の終末期をどのように意識されているのでしょうか。「ピンピンコロリがいい」と思っておられるかもしれません。もちろんそれが理想ですが、うまくいかないのが現実です。まず理解しておきたいのは、長生きすれば「だれでも介護を受ける側になる」「人の世話を受ける」ということです。だれもが介護サービス、医療サービスを使うことになるのです。

介護サービスの話になると、「自分の部屋に人を入れたくない」「家族はよいが、ヘルパーはいやだ」などと言う声をよく聞きます。しかし、家族構成や住環境の変化により、多くの人にとって「身内に頼る」は成り立たない時代です。

サービスを安心して受けるためにも、自分の気持ちとプライドの整理が大事です。ぜひ、お義母さんも公的サービスにうまく結びつき、社会とのつながりを維持しながら介護を受ける「介護の受け上手」になってほしいと思います。そうなるには、まずは最寄りの地域包括支援センターに行ってみることです。

ひとまず要介護認定を受けるだけでも、使えるサービスの幅は広がります。本格的な介護になる前から、周囲と関係をつくる努力が大事です。その準備は孤独死対策にもつながります。

社会福祉協議会とは

全国どの市町村にもある社会福祉法人。民間の団体だが、役所とつながりの深い組織として、高齢者終活相談や障害者の自立支援、経済的に困窮した方からの相談など、〝暮らし〟に関わる多くの事業を行っている。

地域包括支援センターとは

各自治体に設置されている高齢者の相談窓口。専門的な知識をもつ社会福祉士、主任介護支援専門員(主任ケアマネジャー)、保健師(または経験のある看護師)が常駐。介護保険の受付や地域のケアマネジャーのサポートなどを担っている。

知っておきたい

介護の知識

介護保険制度と申請のタイミング

介護保険制度は、2000年にスタートした制度で40歳以上のだれもが保険料を支払っています。65歳以上のすべての人に利用の権利があり、対象年齢になると「介護保険被保険者証」が届きます。体力の衰え、認知症でなくても生活への支障が少しでもみられる場合、65歳以上のどなたでも（障害をもつ人は程度により40歳から）介護保険サービスの申請ができます。次の5項目のいずれかに当てはまる場合は、介護保険の申請のタイミングと考えてもよいでしょう。

- □ もの忘れが増えてきて、予定を書き留めていても忘れてしまう
- □ ゴミ出しのルールをまちがえることが増えた
- □ 以前は片づいていた部屋が、どうしても片づけられない
- □ お金の管理が不安。通帳の置き場所などがわからなくなることがある
- □ 鍋を焦がしてしまうなど、火の取り扱いで怖い思いをした

介護保険サービスの申請の流れ

1. 役所に電話をして、管轄の「地域包括支援センター」について聞いてみましょう。
広報誌などに掲載されている場合もあります。地域包括支援センターでは社会福祉士、ケアマネジャー、保健師（看護師）など専門職が無料で相談に応じてくれます。

2. 役所の担当部署（高齢者福祉課など）で書類を入手します。役所のＨＰからダウンロードできる場合もあります。地域包括支援センターに行けば手順を教えてくれます。

3. 役所の担当部署に書類を出します（詳細は次ページへ）。

介護保険の手続きと介護サービスを受けるまで

1

書類を入手し、申請します

申請時に必要なもの

- □ 申請書
- □ 介護保険被保険者証
  （65歳以上に郵送されている）
- □ 身分証明書（できれば顔写真付き）
- □ マイナンバーがわかるもの
- □ 診察券など
  （主治医の情報確認のため）
- □ 印鑑（市町村により不要な場合も）

＊申請は本人または家族が行うが、本人の代理となる家族が遠方などで窓口申請が難しい場合、地域包括支援センターや居宅介護支援事業者に代行してもらうことも可能。

2

調査と判定が行われます

＊申請から判定まではおよそ30日かかる。緊急の場合は窓口で相談を。

判定までの流れ

自治体の認定調査員が
自宅や施設を訪ね、本人と面談

↓

市町村が主治医に意見書の作成を依頼
（主治医がいない場合は
市町村指定医の診察が必要）

↓

面談の結果と医師の意見書を基に
一次判定（コンピュータ処理）と
二次判定（介護認定審査会）

↓

判定
（主治医の意見書作成。
総合病院の場合、時間を要することも。
作成料の自己負担はない）

3

判定の結果が郵送で届きます

判定で「自立」と認定された場合は、市町村総合事業（地域での健康づくりや介護予防の集いや教室など）を利用できます。各自治体に問い合わせを。

要介護度認定で利用できるサービス

判定結果	介護保険サービス	市町村総合事業※
自立	利用できない	利用できる
要支援1、2	利用できる（介護予防サービス）	利用できる
要介護1〜5	利用できる（居宅、地域密着型、施設サービス）	利用できない

※介護保険サービスと市町村総合事業の違い

介護保険サービスは介護保険制度によるもので、基準や料金は全国一律。市町村総合事業は、正式には「介護予防・日常生活支援総合事業」で、各自治体が基準や料金を設定し、実施する。

4

ケアプランを作成します

判定結果を受け取って、要支援、要介護だった場合は、地域包括支援センターに連絡を。介護事業所とケアプランについて相談します。ケアプランの作成は、介護事業所にいる介護支援専門員（ケアマネジャー）が行います。プラン作成に利用者の自己負担はありません。サービスの利用は一部自己負担が発生し、負担割合は個人の年収で異なります。

ケアマネジャーはどんな仕事？

ケアマネジャーは、生活相談員、主任相談支援員といった指定業務に5年以上かつ900日以上従事しているという条件に加え、実務試験と研修で資格が得られる介護支援専門員です。ケアプランの作成や介護サービスの内容が適切かどうかのモニタリング、ケアプランの修正といった業務を行う、介護のコーディネート役です。

5

契約後、サービスが始まります

介護事業者と契約を締結し、ケアプランに沿ったサービスが始まります。
月に一度以上はケアマネジャーの訪問（モニタリング）があり、サービスの内容を確認します。

6

継続には更新が必要です

初回は原則6カ月、以降は原則 12カ月ごとに介護度を見直し、サービスの利用継続には更新手続きが必要です。更新の前に書類が届きますので、そちらで申請し、再び②の調査、判定の流れになります。

要介護度と状態の目安

	区分	状態の目安
軽度 ↑	要支援 1	家事などの日常生活の一部に手助けが必要
	要支援 2	要支援1より手助けが必要だが、支援によって維持・改善が見こめる
	要介護 1	立ち上がりや歩行に不安定さがみられ、排泄や入浴などに一部介助が必要
	要介護 2	立ち上がりや歩行に手助けが必要で、排泄や入浴などにも介助が欠かせない
	要介護 3	片足で立位を維持するのが困難。食事や排泄には一部、入浴には全面的な介助が必要
	要介護 4	両足で立っているのが難しく、日常生活に全面的な介助が必要
↓ 重度	要介護 5	介助なしで日常生活を送るのが難しく、意志の伝達も困難な状態

Q

いま、担当してくれている
ケアマネジャーさんと何となく相性が
悪いです。別の方の変更は難しいですか。

（神奈川県　Y・S　82歳）

A

ケアマネジャーは、利用者からの希望があれば、変更してもらうことも可能です。

介護の相談をしていくうちに、希望を聞き入れてくれない、専門性が合っていないなど、方向性にずれが生じてくることもあると思います。その場合は、紹介してくれた事業所や地域包括支援センターに相談するなどして、変更を申し出ましょう。

ストレスを抱えながら介護をするのは大変です。変更する際は、その理由について明確に申し出をして、どういう方を探しているのかを伝えるようにしましょう。

Q

在宅ヘルパーサービスとは、
どういうサービス内容でしょうか。
また、ヘルパーさんに頼めないことが
あると聞きました。

（徳島県　O・S　73歳）

A

正式には「訪問介護」と呼ばれ、「身体介護（体に直接触れる）」と「生活援助（家事）」に分かれています。地域により、同居家族がいると生活援助サービスを使えない場合もあります。

ヘルパーに頼めない例は、家族のための調理、犬の散歩、花木の水やりや除草、換気扇の掃除、窓ガラス拭きなどです。頼めないことがあったら、まずは、家族や知人に相談してみましょう。次に費用が手頃と思われる「自治体のシルバー人材サービス」や「町内ボランティア」などを調べてみましょう。費用はかさみますが、業者による家事代行サービスなどもあります。業者選びには十分注意をはらいましょう。

Q 介護の費用について不安があります。保険料もサービスも地域差があるというのは本当でしょうか。

（北海道　K・T　65歳）

A はい、本当です。介護保険料を支払っているのは、**第一号被保険者（65歳以上）**、**第二号被保険者（40歳以上65歳未満）**です。

介護保険は各市町村が保険者となるため、サービスには地域差があります。つまり、高齢者が介護保険サービスを利用せずに一生元気なら、市町村も保険料を上げずにすみます。そのため、体操教室、健康教室といった「介護予防」施策を推進し、高齢者本人の健康意識を高めることで保険料の伸びを抑えているところもあります。自分の住んでいる地域をよく知ることが、介護保険の上手な利用につながります。

Q 自宅をバリアフリーにする計画ですが、どうしても出費がかさんでしまいそうです。福祉用具はレンタルだけではまかなえないものでしょうか。

（山形県　E・K　68歳）

A 介護で必要な「車いす」「介護ベッド」「歩行器」などの「福祉用具（特殊用具）」の大部分は、介護保険が適用され、レンタルも購入も可能です。

ただし、なかには購入しなければならない「排泄処理関連のもの」もあります。レンタルか購入なのか、どちらもまずはケアマネジャーに相談しましょう。また、在宅での介護に必要な手すりの設置などには、介護保険制度が利用できます。自治体により異なりますが、自己負担額はおおむね1～3割です。ただし、「事前申請が必須」なので、情報をしっかり収集することが大事です。

（詳しくは第3章「在宅介護の住まいの工夫」へ）

マンガ

あるあるエピソード

介護のココロ

作：古野崎ちち子

その❷ うっかり

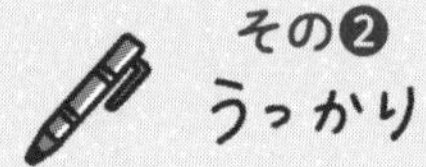

その❸ 捨てる娘と拾う母

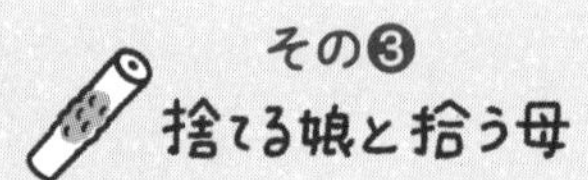

第3章

在宅介護の住まいの工夫

アンケートより

居住空間で、工夫をしていることはありますか

家全体の工夫

●転倒が怖いので、なるべく床にはものを置かないようにしている。（岡山県　M・K　61歳）

●少しの高さでも足が上がらないことがあるので、じゅうたん類はすべて取り外した。動線にあるたんす類は、手すり代わりに置き場所を変更した。（三重県　K・S　73歳）

●トイレ、浴室、廊下に手すりを、玄関の階段には車いす用のスロープを付けた（すべて自分たちの手づくりで）。車いすを動かしやすくするため、じゅうたんを敷いて段差を少なくした。（長野県　K・J　66歳）

●10年前に水回り（台所、お風呂、トイレ）のリフォームをしたとき、バリアフリーにしていた。これが介護するときにとても都合がよかった。居室からトイレ、洗面所、台所まで歩行補助具で移動ができる。（岐阜県　T・N　56歳）

●二世帯住宅のため、義母が居住する1階にセンサーを置き、外に出たり夜起きたりしたときに、わかるようにしている。ふらつきがあるので、家具の配置を工夫。動線が確保できるようにした。手すりは家の各所に設置。夜間はポータブルトイレにして、歩かないですむようにしている。（北海道　I・Y　61歳）

●日本家屋で居間は座る生活でしたが、いすを入れてテーブルは高くしました。（愛媛県　Y・S　88歳）

●介護保険による住宅改修で、玄関の扉を引き戸に、階段、玄関前、風呂場、トイレには手すりを設置。そのほか寝室を2階から1階に移動した。（三重県　K・S　73歳）

●住宅改修で、家の中の段差をなくした。介護居室には洗面所とトイレを、入浴車が来てもいいように排水口も設置。居室前にはウッドデッキ（屋根付き）を設けて水道、洗濯機、物干しも設置した。（長野県　O・M　70歳）

●16年前に家をリフォームして同居開始。母の居住部分には、新たに浴室と洗面所付きトイレを設置した。将来、車いすの介助スタイルになっても困らないよう、居室から直接入れるバリアフリーにした。脱衣所とトイレには床暖房を入れ、水が流せる床材に。（愛媛県　M・S　68歳）

●歩行がすり足となっていることと、転倒予防のため、家具の配置を変え、居住空間に通り道をつくった。どこを通ってもつかまることができるよう重たいいすなどを配置した。（福岡県　K・K　78歳）

介護居室の工夫

●義母の寝室は2階だったので、1階の夫の書斎と部屋を交換した。退院直後、義母はポータブルトイレを利用していたが、今はふつうにトイレに行くことができている。トイレにも居間にも近い部屋にしてよかった。
（山口県　U・S　61歳）

●介護用ベッドが入る広い部屋を居室にした。中央にベッドを置き、まわりに介護用品やおむつ、吸引器などをすぐに使えるようまとめている。汚れものを包むため、折りたたんだ新聞紙を箱に入れておくと、おむつ交換がスムーズに。
（岡山県　T・M　64歳）

●居室内は家具などを最小限にして、訪問入浴のバスタブが余裕をもって置けるようにしている。あじけない部屋にならないよう、母の手づくりの品を季節に合わせて飾り、家族を呼ぶための無線式ナースコールをベッドサイドに置いている。
（大阪府　H・T　69歳）

●リビングに介護ベッドを置き、まわりに手すりを取り付け、そこで生活できるようにしている。目を離せず、介護者も交代でそばで寝起きしている。
（神奈川県　M・Y　67歳）

●母の部屋の前庭に、季節の花を植えています。春は梅、レンギョウ、卯（う）の花、100本のチューリップがきれいです。部屋にも花を飾り、孫たちがつくった千羽鶴も飾っています。介護用品がすぐに手に取れるよう、収納も考えています。
（大阪府　M・M　72歳）

トイレや浴室回りの工夫

●トイレのドアを開き戸（3枚）にして、廊下に車いすを横づけできるようにした。
（北海道　I・M　72歳）

●1階のトイレのリフォームを考えていたとき、父との同居が決まったので、自動開閉や自動水洗など、父が使いやすい仕様にした。
（埼玉県　T・Y　59歳）

●ポータブルトイレでの排便時、床に大便をこぼしたまま本人がモップをかけていました。それ以来、茶色のフローリングの上に白色のフローリングシートを貼り、汚れがよくわかるように対策しました。
（鳥取県　H・R　51歳）

●介護居室に専用トイレを設けたので、排泄に使用するものをオープンな棚に集合させ、だれもが使えるように配置した。
（長野県　O・M　70歳）

●居室からトイレに行きやすいようベッドの位置を変え、手すりを付け、トイレの電球は人感センサーに換えた。（北海道　O・N　65歳）

●トイレからいちばん近い部屋を居室にしたが、途中からポータブルトイレに。においを消すのが大変だった。冬でも家中の戸を開けて換気した。
（富山県　Y・S　62歳）

●トイレのドアを折れ戸に改修した。
（長野県　O・M　70歳）

Q&A

住まいの見直しについて

要介護になっても、家で暮らし続けるには、
住まいの見直しがとても大切です。
そしていまは元気な方たちも、
要介護にならないように
暮らしと住まいを見直しましょう。
ケアリフォームを数多く手がける
安楽玲子さんにうかがいました。

回答

安楽玲子

あんらく・れいこ／レック研究所代表。一級建築士、福祉用具プランナー、ケアマネジャー。福祉に関するコンサルティングやケアリフォーム（ケアデザインと設計）を手がける。著書に『住まいで「老活」』（岩波新書）などがある。

Q

近所に一人で暮らしている87歳の母は、最近足腰が弱くなってきました。室内で骨折したことがあるので、また転倒しないか心配です。

（福岡県　S・N　60歳）

A

家での転倒事故を防ぐためには、まず部屋を片づけて足元にものを置かないことです。床にものが散乱しているなら、一緒に片づけることから始めましょう。探しものをしなくてよいように、いつも使うものは扉のない棚や中の見えるボックスなど、使いやすい場所に置きます。急に片づけられなくなってきたときは、認知症の始まりかもしれません。早めの受診をおすすめします。よく通る場所で転倒・骨折しないよう住まいと暮らしを見直しましょう。

この小さな段差はつまずきやすいので、撤去する

●足元に気をつける

タコ足配線に気をつけ、電気コードは部屋の隅に沿って留めてください。つまずきの要因となる置き敷きカーペットは両面テープで固定し、スリッパは滑り止めのついたソックスや室内ばきへの変更を考えてください。

●手すりについて

階段は若い人でも手すりを付けることが推奨されています。まだ付けていないなら、早急に設置を。そのほかトイレや浴室などは、必要になったとき状態に合わせて設置します。

●ドアの安全

見落とされがちな片開きのドアの開閉を、安全にスムーズに行えるよう見直しましょう。

軽度の要介護者のお宅で、ドアノブがガタガタにゆるんでいるのをよく見かけます。原因は丸形のノブがうまく握れず、手すり代わりに体重をかけるからです。まずはドアノブを、操作しやすいレバーハンドルに換えましょう。また、ドアの開閉に体がついていかず、ドアの下枠につまずき転倒する危険があるので、2~3㎝高さの下枠はすぐに撤去し、床をフラットにしてください。

軽度の要介護者が増加中

2011年に460万人だった65歳以上の要介護者は、2022年には約 1.5倍の700万人に増えました。要支援 1から要介護 2の軽度の人が大幅に増加する一方で、要介護 5など重度の方はあまり増えていません。これは医療の進歩や介護技術の向上などによるものと思われます。

要介護2くらいまでは家で暮らし続けるのは比較的容易です。住まいを整え、暮らしを見直し、介護サービスを上手に利用して介護の重度化を防ぎましょう。たとえ骨折や病気で一時的に介護度が悪化しても、住まいが整っていれば回復は容易です。

Q

82歳の夫が、リハビリ病院に入院中です。施設ではなく、家で暮らすために福祉用具の利用や家の改修など、何から考え始めたらよいでしょう。

（東京都　M・M　78歳）

A

リハビリ病院などでは、リハ職（理学療法士や作業療法士など）が、入院中に本人や家族と同行する「家屋調査」を行い、それに基づき帰宅時に必要な住宅改修や福祉用具についてアドバイスしてくれます。

あわせて病院では、家での生活を想定したリハビリを行います。こうした制度はリハビリ病院のほかにも、介護老人保健施設に入所したときなど、リハ職が関わっている場合にサービスを利用できます。

ぜひ病院などに確認し、住宅改修と福祉用具に関する専門知識の深いリハ職に、家での暮らしを相談してみてください。なお車いすの利用が想定される場合は、多くは改修が大規模になります。必要に応じて建築士にも相談しましょう。

●住宅改修の費用

介護保険で利用できる住宅改修の費用は一人20万円が上限（自己負担1～3割）で、介護度が3段階上がると、新たに20万円利用できます。ほかにも自治体独自で10～１００万円の住宅改修費用を助成しているところがありますから、お住まいの自治体にご確認ください。

介護保険で利用できる生活改善のためのサービス

住宅改修	福祉用具レンタル	福祉用具購入
●手すりの取り付け ●段差の解消 ●滑りの防止および移動の円滑化などのための床または通路面の材料の変更 ●引き戸などへの扉の取り替え ●洋式便器などへの便器の取り替え ●そのほか、上記の住宅改修に付帯して必要となる住宅改修	●車いす(付属品含む)○ ●特殊寝台(付属品含む)○ ●床ずれ防止用具○ ●体位変換器○ ●手すり ●スロープ ●歩行器 ●歩行補助杖 ●認知症老人徘徊感知機器○ ●移動用リフト○(つり具の部分を除く) ●自動排泄処理装置△	●腰かけ便座 ●自動排泄処理装置の交換可能部品 ●排泄予測支援機器 ●簡易浴槽 ●移動用リフトのつり具の部分 ●入浴用いす ●浴槽用手すり ●浴槽内いす ●入浴台 ●浴室内すのこ ●浴槽内すのこ ●入浴介助ベルト
◎費用 原則、1人20万円(自己負担1～3割)だが、要介護度が3段階上昇、また転居した場合は再度20万円支給される	◎費用 自己負担1～3割 ○原則要介護2以上 △要介護4、5のみ	◎費用 1年間に1人10万円 (自己負担1～3割)

●家族の役割

家族の大事な役割として、さまざまな制度とメニューがあるなかでの、介護や医療のマネジメントがあります（ただし重度の介護になると、家族の介護負担が増えます）。要支援程度なら料理や掃除を続けることが、生活リハビリとなりますので、工夫しましょう。

また介護は気持ちの問題も重要です。たとえば窓辺で庭の草花を見る、空の雲の動きを見ながら食事をするだけでも気持ちは和らぎます。体が思うようにならず、ふさぎがちなとき、ちょっとした気遣いで、介護する人もされる人も気持ちのギアが前向きに変わります。できるだけ本人が気持ちよく過ごせるように、住まいを整えたいものです。

Q トイレはできるだけ自力でと思っていますが、トイレのドアが引き戸ではないことなども不安に感じています。

（大阪府　S・K　77歳）

A

要介護になっても自分でトイレに行けることは、家で暮らし続けるときの大きなポイントです。可能なら、トイレの隣接などのリフォームをおすすめしていますが、トイレ近くの部屋に居室を移すことや、ベッドの位置を変更することでも改善します。

ベッド横にスペースがあれば、冬やちょっと具合の悪いときなど、夜だけでも一時的にポータブルトイレを置いて使う方法もあります。自分たちに合う方法を見つけてください。いずれにしても、ふだんから不要な荷物を整理し、スペースを確保しておきましょう。

部屋からトイレまで行くとき、大きなハードルになるのが片開きのドアです。杖や歩行器、車いすといった歩行補助具を使う場合、一度後ろに下がらなければドアは開きません。

引き戸なら、こうした問題はありませんが、壁の位置の問題などから、なかなか改善できないことが多いものです。そのような場合、いまのトイレはにおいもありませんから、思いきって片開きドアを撤去されてはいかがでしょう？　必要に応じ、そこに「のれん」や「ロールスクリーン」を自分たちで設置される方も多くいます。

日本の住宅のトイレは、中が見えないようにドアが設置されており、これも歩行の妨げになっていますが、開き勝手を反対に変えるだけでもずいぶん改善します。

トイレを自分で使えるよう、トイレの立ち座りには手すりを設置します。イラスト（中央）の手すりは安定しており、長く使えます。なお、急な退院などの場合は、同じような形状の手すりを一時的にレンタルするとよいでしょう。

トイレの片開きドアは撤去し、のれんやロールスクリーンに。ドアの下枠も撤去し、床はフラットに

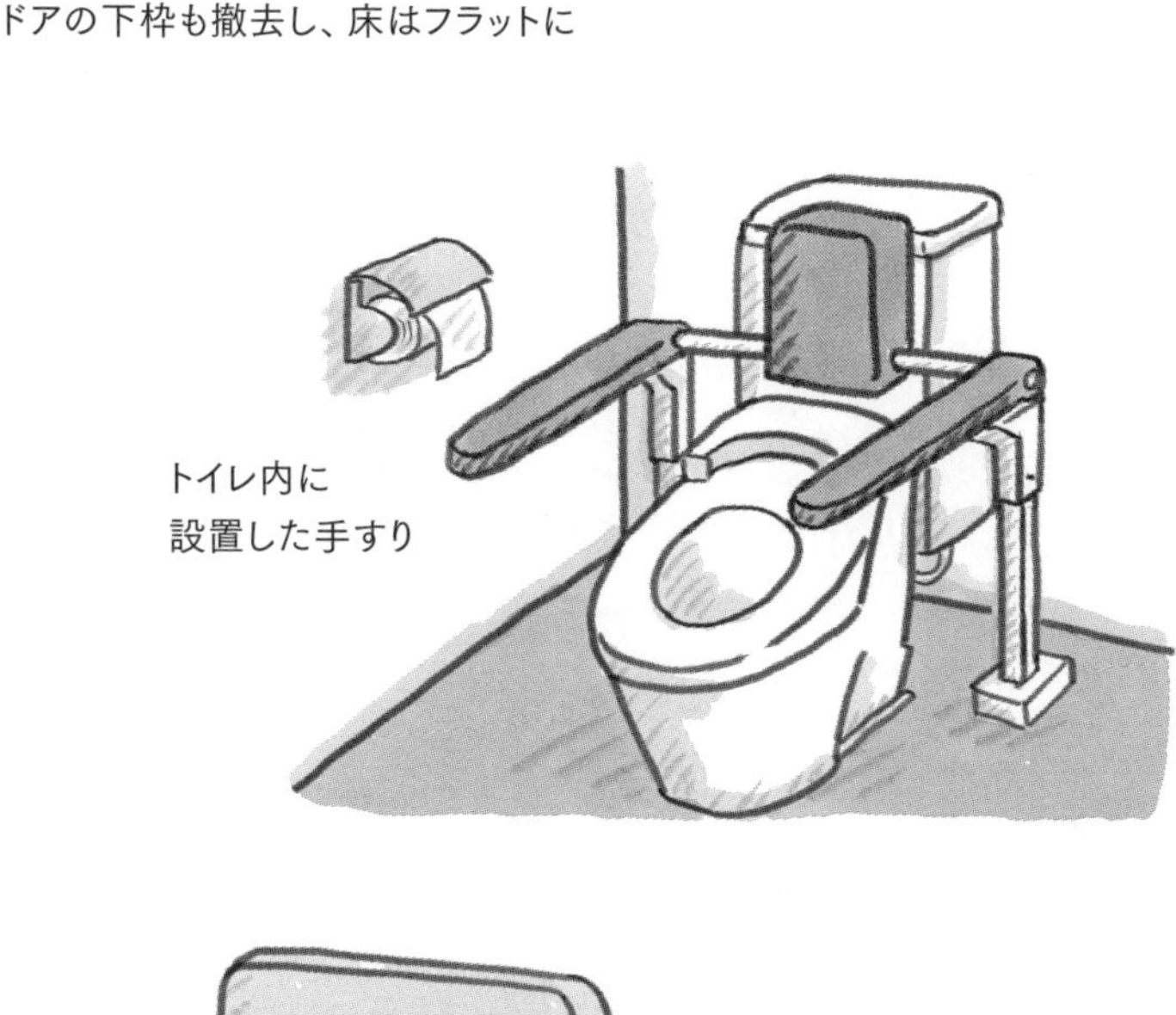
トイレ内に設置した手すり

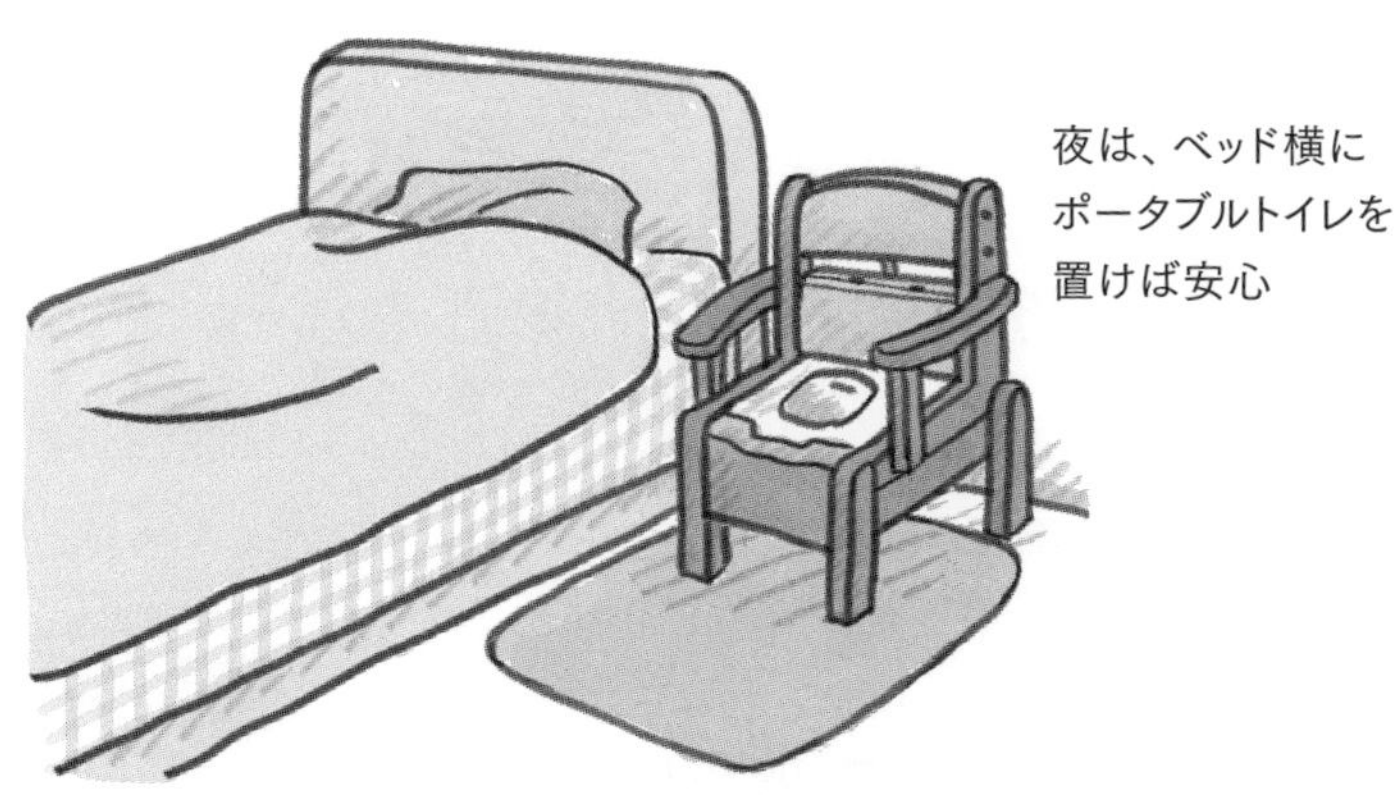
夜は、ベッド横にポータブルトイレを置けば安心

Q

最近、なぜか夫がベッドで過ごすことが増えました。寝たきりにならないか心配です。

（福岡県　T・S　80歳）

A

これまで日中過ごしていた部屋のソファーは、低床で体が沈みこむふかふかのものではありませんでしたか？　そうしたソファーは、足腰が弱くなったお年寄りには立ち座りが難しいので、どうしてもベッドに戻ることになってしまいます。

もともと、日本は床座の生活でした。立ち座りが足腰の運動になるのでよい部分もありますが、それができなくなったら、畳の上でもいすを置いた生活に切り替えましょう。

いすは、姿勢を保持する大切な道具です。自分やご家族のためなので、少し値がはっても体に合うよいいすを選んでください。予算がない場合、事務（オフィス）用のいすもおすすめです。人間工学的に考えられており、リサイクルショップで安く出ていることも多いので探してみてください。

浴室には暖房を入れ、断熱性の高い窓にするなど暖かくなる工夫を

＊洗面所は床置きの小さな暖房器具がおすすめ

Q

最近、ヒートショックの話をよく聞きます。わが家はお風呂場や脱衣所などに暖房器具がないのですが、用意したほうがよいでしょうか。

（神奈川県　S・K　62歳）

A

日本の家は、冬がとても寒いと言われています。WHOの「健康のため、室温は18度以上に」という勧告もあり、国も新築住宅の断熱化を法制化しました。

室内の温度が低いと、血圧が高くなる傾向があると言われています。また、暖房をつけていても、浴室やトイレなどが寒いと、温度差によってヒートショック（133ページ参照）による事故が起きやすいため危険です。ちなみに国内で1年間の入浴中の溺水死は約1万9000人。そのほとんどは冬場に起こり、高齢者が多数を占めます。ぜひ、脱衣室と浴室、トイレの暖房を考えてください。

浴室の暖房は10～15万円で後付けが可能です。それで心筋梗塞や脳梗塞を防げるのなら、決して高い買いものではありません。トイレは小型の人感センサー付きのヒーター（1万円程度）など、手軽ですから用意したいものです。暖房便座もあるといいですね。

マンガ

介護のココロ

作：古野崎ちち子

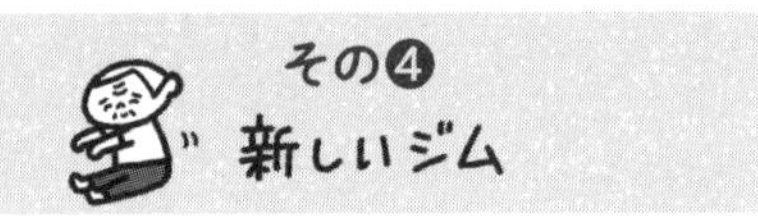

その❹ 新しいジム

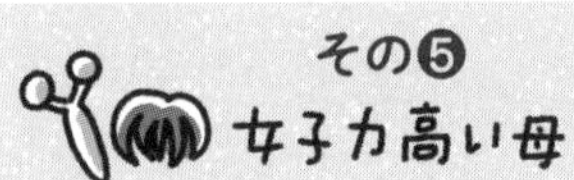

その❺ 女子力高い母

第4章

在宅介護の食事の工夫

アンケートより

介護食で工夫していること、実践してよかったことはありますか

何を食べる？　わが家流

●義母は、奥歯が少ないので、小さく刻んだり、やわらかく煮たスープや煮ものを中心にしている。（山口県　U・S　61歳）

●母の食事は、肉のときはひき肉を選び、毎日の野菜は煮ものか、ゆでたものを用意。生野菜のときは刻みます。（東京都　T・M　72歳）

●やわらかくつくる、細かく切る、適度の量に。時間がかかるので早めに声かけして食べ始めてもらう。（茨城県　N・Y　72歳）

●義母の朝食は、ごはん、納豆、梅干し、ゆで野菜たっぷりのおかず。昼食は、パンと煮もの。夕食は、ごはん、焼き魚、煮魚などと煮ものを。つくりおきなどすることで配膳に時間がかからない。（北海道　O・N　65歳）

●以前はきらいな食材でも一緒に食べると少しは口にしたが、最近は手をつけなくなった。

好きなものでよいとしておいしく食べてもらうことを心がける。（群馬県　S・M　61歳）

●義母の骨折時、片手でも食べられるように工夫。一口おにぎりに小さい具材も入れる。その後、入れ歯が合わないときにも役立った。（愛知県　O・K　54歳）

とろみづけ、流動食

●ごはんは軟飯に、おかずは、つぶれにくいものだけ刻んでいます。とろみ剤を使うこともありますが、たいていは軟飯がとろみ剤代わりになります。（岐阜県　Y・E　61歳）

●義父107歳は、おかゆと流動食です。多めにつくり、ミキサーを使用後、小分けにして冷凍ストックもしています。野菜たっぷりのみそ汁も用意。（長野県　O・M　70歳）

〝栄養バランス〟を意識しながら

●毎日の食事は、何を食べたか摂取表をつけています。（北海道　O・N　65歳）

●義母の筋肉が落ちないようにタンパク質や、カルシウムなどとれるように気をつけている。本人は、体重測定の数値を気にして、ごはんやおかずを食べたがらないが、甘いもの好きという矛盾をかかえている。間食が増えてしまうと食事がとれなくなるため、私が調整している。（岐阜県　T・N　56歳）

食事の量

●母は、体調によって食べたい量が変わる。汁ものと飲みもの以外は保存容器から食べたい量だけ取り分けている。（鳥取県　H・R　51歳）

食事以外に気をつけていることはありますか

食事用意の助っ人

●母は、宅配のお弁当、牛乳、乳酸菌飲料などを配達してもらっています。
（愛知県　Y・M　65歳）

●冷凍のお弁当を1カ月に14食分宅配してもらっている。
（愛媛県　I・K　73歳）

●以前ほど手づくりにこだわらなくなってきた。1㎞くらい先にある魚屋さんがつくるお惣菜は、家庭料理の味つけで気に入っている。
（福岡県　K・M　58歳）

食卓上の工夫

●夫は、右手だけを使って食事をします。左手で食器を押さえられないため、少し重めの食器を使っています。
（三重県　K・S　73歳）

●プレートの上に小鉢を置いて盛りつけている。本人が食べきった満足感も得られるほか、準備する間に栄養バランスを考えやすい。
（福島県　T・F　58歳）

会話、声かけもおいしさに

●一人ではどうしても食事が簡単になり、乏しくなってしまうので、なるべく一緒にとることの大切さを思っている。

（福岡県　K・M　58歳）

●97歳の母に対して、食事のときはテレビを消し、話しかけながら飲みこみを確認しています。表情がよくわかり、口の動きで食べさせるタイミングがつかめるように。

（大分県　M・T　70歳）

水分補給のヒント

●夜中、最後のおむつを替えるとき、舌が少し渇いていると思ったら水分補給をする。そのあとは、すっと眠りに入ることが多い。

（大分県　M・T　70歳）

●水分は、好きなもので少しでも多くとれるようにした。コーヒー、濃いお茶、スポーツ飲料、とろみのつく粉末飲料なども用意。

（高知県　N・M　59歳）

●自宅の枇杷(びわ)のジュレ、しそジュースやスポーツ飲料、エンシュア飲料などをゼリーにして食べてもらっています。とろみをつけたお茶や水は味が悪く、ケアマネジャーさん伝授のスポーツ飲料のゼリーに。おいしく、口当たりもよく、抵抗なく水分補給できるように。

（大阪府　M・M　72歳）

口腔ケア（111ページ参照）

●母の食事前には、簡単な口腔ケアをしている。指で舌のマッサージなどもしていると、飲みこみまでの時間が短くなったように感じる。

（大分県　M・T　70歳）

Q＆A

介護食について

健康寿命を延ばすための要となる
大切な食事を、
無理なくまわしていきましょう。
介護食についてのポイントを
管理栄養士の室賀伊都子さんに
お答えいただきました。

回答

室賀伊都子

むろが・いつこ／管理栄養士。乳幼児から高齢者まで、ライフステージに寄り添い食を提案。オペラシティクリニック勤務のほか、保健所などで栄養相談をする。

Q

毎回の食事で本人が好きなものを一品入れるようにしています。好みに加えて栄養バランスも調整していますが、基本の献立の考え方、ポイントを教えてください。

（愛知県　O・K　54歳）

A

年齢とともに、一度に食べられる量が少なくなります。一日に最低3食、3回に分けて食事をとる工夫をしてください。

栄養バランスは、毎食「3つの色」がそろうことが好ましく、黄色＝主食（糖質）、赤＝主菜（タンパク質）、緑＝副菜（ビタミン・ミネラル・食物繊維）となります。

近年、高齢者の食事でもっとも重要視されているのは、タンパク質を必要量十分にとること。また、一度にたくさん食べられない方こそ大切なのは朝食です。朝食は、一日のよい流れをつくりますので102ページの食品をめやすにタンパク質量を考慮した献立にしてください。

3回の食事量が十分でない場合は、必要な栄養素を間食で補います。一日4、5回食のイメージでしょうか。時間の目安は、午前中に1回、水分摂取を中心とした間食。午後にも1回、水分と一緒に間食をとります。

「低栄養」を防ぎ、健康維持につながる間食とは、卵、乳製品などタンパク質を含む食品や、くだものなどがおすすめです。プリン、ヨーグルト、杏仁豆腐、クリームパン、あんパン、蒸しパン、バウムクーヘンなど市販品もよいでしょう。一方、和菓子のもち、モチモチ系食品は、飲みこみ時のトラブルを避けるためにお楽しみ程度にどうぞ。

Q

朝は、食パンを一口大に切り、牛乳を少しまわしかけてレンジで30秒。その上にジャムをのせて食べることが母のお気に入りです。ごはんやパンなどの主食を簡単においしく整える方法を教えてください。

（愛媛県　I・K　73歳）

食べ親しんでいる味がいちばんです。ジャムは、少量でも食物繊維を摂取できます。

65歳以降を境に栄養摂取の考え方は大きく変わります。生活習慣病のためにカロリーを控えることよりも、栄養不足、タンパク質不足を避けなければなりません。この方のメニューなら、パンや麩を卵液やシチュー（パウダーを溶いたものでも）にひたして加熱するなどのアレンジもできます。少食の方には、蒸しパンにバターと牛乳、あるいは生クリームを加えて加熱などし、カロリーアップしてもよいでしょう。

タンパク質が不足しがちな方は、栄養補助食品（介護食売り場）の利用も視野に入れ、無理なく補いましょう（商品名＝メイバランス、クリミール、アイソカルほか）。

また、食欲がない日は、主食部分を小さくし、主菜をしっかり食べましょう（105ページ参照）。主菜のタンパク質は、生活の質（QOL）を維持し、ハツラツと過ごすために必須の栄養と考えてください。

シンプルな献立でも栄養バランスが整えばよく、長続きさせたいものです。朝食に限らず、3つの色（100ページ参照）の入った食材を変化させ、ごはん（おかゆ）、具だくさんの汁もの［タンパク質＋緑黄色野菜・淡色野菜］の2品から整えてください。薄味＝減塩も心がけましょう。

応用編　タンパク質は、1種類ではなく、［豆腐＋肉］［麩＋肉］［魚＋豆腐］など組み合わせを楽しめるように食材の準備をしましょう。

朝食の型紙

タンパク質は20g以上に！

○和食

タンパク質総量：22ｇ
ご飯（茶碗1杯）、納豆（1パック）、
卵料理（卵1個）、
みそ汁（豆腐50ｇ入り、具だくさんに）

○洋食

タンパク質総量：25g
食パン（1枚）、牛乳（100㎖）、
卵料理（卵1個）・ハム（1枚分）・
チーズ（6Pチーズ1個分）入り、
ヨーグルト（50g）

＊乳和食のおすすめ

みそ汁のみそをいつもの半量にして、
みそと同量の牛乳で溶いて加える。

飲みこみを助ける〝とろみ〟食材

●片栗粉

大変便利ですが、加熱しすぎたり、温度が下がるととろみが薄まり、サラサラになる性質があります。温かい汁ものなどにはよいのですが、つくり置きには向きません。

●コーンスターチ

飲料のとろみを除き、温度が下がっても変化しにくいので、おすすめです。

●野菜のペースト

サラサラしている場合は、とろみ調整剤を一つまみ加えるか、少量の油を加えるとなめらかになります。緑黄色野菜のペーストの場合、油を加えるとカロテンの吸収がよくなり、栄養価も上がります。

●おかゆ

おかゆのとろみを利用しておかずを食べるのもよいでしょう。介助の途中におかゆがサラサラとゆるくなることがあります。スプーンについた唾液の酵素が米のデンプン質を分解したためです。おかゆは少しずつ数回に分けて器に移すとよいでしょう。

●市販のとろみ調整剤（下記参照）

嚥下速度が落ちてきたら、医師の指示を仰ぎ、お茶、みそ汁、スープ類、牛乳、果実のジュースなど水分に、とろみを加えます。

Q

最近むせやすくなってきたので、少しとろみなども加えたいのですが、手始めとしてのとろみの使い方、注意点も教えてください。

（広島県　H・H　69歳）

A

とろみは、身近な調味料、食材を使うことから始めるとよいでしょう。

市販のとろみ調整剤の成分は、大別すると3タイプあり、デンプン系・グアーガム系・キサンタンガム系となります。キサンタンガム系は、食味が変わらずもっとも使いやすいでしょう（商品名＝ネオハイトロミールⅢなど）。

水、お茶以外の水分や食材によっては、とろみがつきにくいことがあります。その場合は、混ぜたあと10分程度置いて再び混ぜるなど、攪拌を二度に分けると安定します。

知っておきたい

介護の知識

栄養バランスのよい 1食、1日分の食事の適量とは？

バランスのよい食事とは、1日3食とることからはじまります。
1食あたり、主食1品、主菜1品、副菜1～2品を3回、
その他、乳製品とくだものを1日1回はとりましょう。

主食だのみに注意…①主菜②副菜③主食、の順で

主食中心にならないように

主食はエネルギー源として一定量とることが大切です。
ただ、食欲がないときは、主菜（タンパク質）を優先させましょう。

主菜の目安量…タンパク質量は、1食あたり20g以上に

フレイル※予防に、筋肉をつくる大切な栄養素であるタンパク質をしっかり食べましょう。1日に必要なタンパク質量は、体重(kg)×1g以上ですが、75歳以上の身体活動レベルが標準の人の場合、男性 79～105g/日、女性 62～83g/日となります。1食あたり20g以上を目指しましょう。

※フレイル＝加齢により、心身の活力が低下した状態。健康な状態と要介護状態の中間に位置する。

食品目安量(g)	タンパク質量(g)
豚ロース肉(80)	13.7
牛モモ肉(80)	15.6
鶏モモ肉(80)	14.0
鶏むね肉(80)	18.0
合いびき肉(80)	13.8
ロースハム(15)	2.5
焼きとり むね肉(60)	13.0
焼きとり つくね(60)	11.1
マグロ赤身(80)	18.0
塩鮭(80)	17.9
アジ(150)	13.8
サバ(100)	10.3

食品目安量(g)	タンパク質量(g)
タイ(100)	20.6
ブリ(80)	17.1
さつま揚げ(40)	5.0
かまぼこ(60)	7.2
はんぺん(100)	9.9
しらす干し(20)	4.6
木綿豆腐(100)	7.0
絹ごし豆腐(100)	5.0
納豆(50)	8.3
厚揚げ(200)	21.4
鶏卵(60)	7.4
牛乳(200)	6.8

『健康長寿教室テキスト第2版』国立研究開発法人国立長寿医療研究センター2020.10

副菜の目安量…1日5皿の野菜料理を！

野菜、きのこ、海藻を使った料理を毎食1、2品食べましょう。
1日の目安量は350g、緑黄色野菜1：淡色野菜2のバランスです。

青菜のおひたし
かぼちゃの煮もの
ひじきの煮もの
生野菜サラダ
温野菜ときのこのサラダ

1日に食べたい野菜料理の例

1食あたり、生野菜なら両手に1杯、加熱野菜なら片手に1杯分をめやすに

5A DAY協会(厚生労働省「健康日本 21」推奨)

Q

父は食欲がありよく食べるので、肉に偏らないように気をつけています。魚、貝、豆類も組み合わせています。苦手な野菜を食べやすくする方法を教えてください。

（高知県　N・M　59歳）

A

肉を意識して食べることはとてもよいことです。むしろ高齢者は、肉の摂取が少ない傾向があります。その理由は、生活習慣病予防の観点から魚がよいと言われてきたこと、肉は咀嚼（そしゃく）面で食べにくいためでしょう。魚の脂肪酸も大切ですが、肉は生活の質（ＱＯＬ）を維持する筋肉を保ち、増やすためにもっとも効率のよい食材です。ぜひ毎日食べてください。

同時に注意したいことは、高齢者の腸内環境です。高齢になると腸内環境の変化で便秘になる方も増えてきます。そこで助けになるのは食物繊維です。繊維質が苦手な方は、葉もの野菜をやわらかく煮てください。色鮮やかに仕上げるより食べやすさが重要です。

また、野菜をたっぷりと食べるためには、やわらかくして好きな味つけに仕上げることがいちばんの近道です。好まれるのは、カレーの具材に入れる、とろみをつけるなどです。

どうしても野菜が苦手な人は、野菜たっぷりの汁ものやみそ汁を薄味に仕立てて、その汁を飲んでください。水溶性ビタミンが摂取できます。ごぼうは、パウダーでも食物繊維がとれるのでぜひ利用しましょう。

季節のくだものを味わいながら食物繊維を補うこともよい方法です。

食べるときに注意が必要な食品と調理の工夫

加齢に伴いむせたり、飲みこみにくくなる食材があります。
下ごしらえ、加熱時間、味つけの工夫をしながら整えましょう。

注意するポイント	食品	調理の工夫
繊維の多いもの	たけのこ・ごぼう・れんこん・セロリ・もやし	繊維が短くなるように刻み、やわらかく煮て、あんをからめる
かたいもの、噛みきりにくいもの	かまぼこ・こんにゃく・いか・たこ	切り目を入れる、繊維を切る たたき切りにする 火を通しすぎない
	油揚げ	細かく刻む さらにとろみを加えることも
ぱさぱさしたもの	焼き魚・おから	火を通しすぎない あんをかける　だしで煮る
	フライ	炒め煮にする　だしで煮る 卵でとじる
スポンジ状のもの	高野豆腐・がんもどき	細かく刻み、だしで煮る とろみをつける
	パン・カステラ	一口大に切り水分を足す（101ページ） パンプディングにする
口の中にはりつくもの	のり・わかめ	刻んで料理に混ぜこむ
	にら・ねぎ・ほうれん草	乳化された衣（練りごま、くるみ、マヨネーズ）で和える
喉につまりやすいもの	豆・ナッツ・ごま	つぶす　いも類やバナナ、調味料などと一緒に和える
	もち（お楽しみ程度に！）	細かく切り、水分を加えて加熱し、しっかりと粘り気をゆるめる
粉状のもの	きな粉	牛乳、ヨーグルトに少量加える
酸味のあるもの	梅干し 柑橘類・オレンジジュース	量を減らす　とろみをつける
	酢のもの	酢をだしまたは水で割る
香辛料	唐辛子・わさび・からし	少量使う

知っておきたい

介護の知識

低栄養を防ぐ食材と調理のヒント

高齢者にとっての食べやすさとは、やわらかさの調整のほか、細かすぎない、長すぎない、薄すぎない、サラサラしすぎない、ほどよい粘性やまとまりがあるなど、多岐にわたります。一方で、あきらめずに噛む力、飲みこむ力を保つ工夫も大切です。

具体的には、タンパク質源となる主菜の食材のなかで、特に肉は噛む力が落ちてくると食べにくくなり、不足しやすい食材。食べやすくするひと手間を加え、ご家族と一緒においしく召し上がってください。

卵を使って

ゆで卵は、黄身を加熱しすぎないようにします。固ゆで卵の場合、マヨネーズや、オリーブ油を混ぜるなどの調整をおすすめします。

マヨネーズは、スクランブルエッグに加えてもおいしく、手早く栄養価も上がります。高齢者の食事づくりには、ぜひマヨネーズを味方に調理してください。

肉を使って

赤身と脂身がほどよく入ったしゃぶしゃぶ肉、ひき肉はおすすめです。ひき肉は、加熱するときにバラバラにほぐしすぎないようにします。仕上げには、とろみをつけるなど、喉ごしにも注意します。

肉団子の種には、水分として卵、牛乳のほかに豆腐、れんこんのすりおろし、パン粉を加えるなどもおすすめです。やわらかい食感になるように工夫しましょう。

貝を使って

咀嚼しにくいのですが、栄養豊富でおすすめしたい貝もあります。アサリ（水煮缶）は、炊きこみごはんなどに。カキは、フライをさっと煮る、野菜と炒め煮などにするとよいでしょう。

魚を使って

お刺身、旬の魚（切り身なら腹身）は、脂がのっていてやわらかくいただけます。冷凍の切り身魚など、身がしまりやすいものは、下ごしらえで片栗粉をまぶす、調味料に油分を加える、加熱しすぎないなどの工夫を。

Q **トイレを気にして水分をとりたがりません。食事とそのほかの時間を使って上手に水分補給する方法を教えてください。**

（群馬県　S・M　61歳）

A

制限などがなければ、3回の食事に含まれる水分1ℓ、それ以外に飲みもの1ℓ程度（少なくとも500㎖）必要です。この量を一日の時間のなかで上手に配分しましょう。夜間のトイレが気になる方は、夕方以降の水分補給を控えめに。夕食の味つけを薄味にし、食後のお茶は、2杯飲んでいたら1杯にするなどの調整も大切です。

一方で、脱水症状も気になります。寝る前に口を湿らせる程度の水分を飲みましょう。

枕元には、水分も用意し、朝起きたときにはまず一口飲んでから動くようにしましょう。

一度にたくさんではなく、チョコチョコと口を湿らせるのがおすすめです。また、入浴後に飲むことを意識する方は多いのですが、

脱水症状を軽減

夏の時期など、自宅での脱水症状を防ぐために経口補水液を準備しておきましょう。市販もありますが手づくりもできます。

経口補水液　約1ℓ分

水1ℓ
砂糖（上白糖）20～40g
塩3g（小さじ½）
レモン果汁など適量

つくり方●材料をすべて混ぜて、容器に移す。
飲み方●1日に飲むめやすは、500㎖～1ℓ。
保存●冷蔵庫に入れて保存し、
一両日中に飲みきる。

＊脱水の状態に応じて飲む量を調整。ナトリウムやカリウム、糖分が多く含まれるので食事制限のある方は主治医に相談してください。

ぜひ入浴前にも一口の水分補給を。

体内の水分は、筋肉に蓄えられています。筋肉が減ると体内の貯水場所である水筒が小さくなってしまいます。そのため水分不足になるとあっという間に蓄えを使い果たし、脱水症状を起こしやすくなります。毎日の水分補給と一緒に、筋肉を落とさないことがいちばん重要です。

Q

母は、長年総入れ歯です。医者から、「入れ歯を外したあと、うがいをして、口腔ケアを」とすすめられました。口の筋力を強めることになるそう。それまで、本人が入れ歯を外したあとに水を飲めないと言っていましたが続けているうちにある程度は飲めるようになり、口の中も清潔に。このほか家庭でできることはありますか？

（山口県　H・M　71歳）

A

安全な飲みこみには十分な唾液が必要ですが、唾液の自然分泌は年齢と共に減っていきます。また、口呼吸（歯並びや筋力低下による）や薬による副作用もその原因となるようです。

いつまでも食事を楽しむ、食べる力を維持するためには、「清潔に保つこと」に加えて、唾液腺のマッサージと適度な水分補給で「うるおいを与える」、会話や強めの「ぶくぶくうがい」をとり入れるなどして「筋力アップ」をしましょう。唾液腺のマッサージは、歯科医師や歯科衛生士など専門の方のアドバイスを受けると、より効果的に行えると思います。

唾液腺のマッサージ

❶ 耳下腺マッサージ　❷ 顎下腺（がっかせん）マッサージ　❸ 舌下腺マッサージ

こまめな水分補給

（109ページ参照）

おしゃべり

たくさん会話をして、
中も外も刺激を与えましょう！

強めの「ぶくぶくうがい」

口腔内を刺激します！

❶ 水を口に含む。
❷ 左側の頬をふくらませ、3、4回ぶくぶくと動かす。
❸ 右側の頬をふくらませ、3、4回ぶくぶくと動かす。
❹ 鼻の下、上唇と歯ぐきの間をふくらませ、
鼻の下を伸ばすようにあごを上下に動かしながら、
上唇と歯ぐきの間で3、4回ぶくぶくと動かす。
❺ 頬全体をふくらませ、3、4回ぶくぶくと動かす。

マンガ

あるあるエピソード

介護のココロ

作：古野崎ちち子

その❻ 母さんグルメだったの？

その❼ 無限パスタ

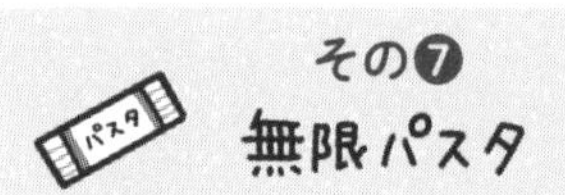

第5章

在宅介護の排泄と入浴の工夫

アンケートより

排泄時のケアで悩んでいることはありますか

着替えやおむつ替えがひと苦労

●認知症の母はトイレ以外で排便してしまったときは、自分で着替えようとするので、部屋が大変なことになった。また、汚れものを隠そうとするのに困った。

（福井県　A・S　73歳）

●夫を自宅で介護していましたが、夜間のおむつ替えや濡れたシーツ替えなどに苦労しました。

（宮崎県　S・T　85歳）

●ベッドのシーツは使い捨ての安いものがあったが、ズボンも使い捨てのものがあればと思った。

（富山県　Y・S　62歳）

●夜、何回もトイレに起きるので、そのたびに転ばないようにと心配で起きてしまい、睡眠不足になり、疲れがたまっていった。おむつやパッドなどの使用も試みたが、本人がいやがるので止めた。ブリーフを8～10枚も洗う日もあった。

（静岡県　M・K　86歳）

Q&A

排泄についての悩み

排泄ケアは介護する側・される側、
おたがいにとって
快適な状態であることが大切です。
排泄ケアのアドバイザー・梶原敦子さんに
排泄についての日々の悩みに
お答えいただきました。

回答
梶原敦子

かじはら・あつこ／NPO法人日本コンチネンス協会事務局長。排泄ケアサポートセンターウエルビーイングオフィスK代表。保健師、健康運動指導士、心理相談員、コンチネンス※アドバイザー、認知症ケア専門士。

※コンチネンスとは、日々の生活のなかで排泄をコントロールできている状態を表す言葉。日本コンチネンス協会では「すべての人が気持ちのよい排泄ができる社会へ」を理念として、排泄トラブルの「予防」「ケア」に関する情報提供、人材育成などにより、コンチネンスケアの重要性を提唱する。

Q

義母の部屋から、便や尿のにおいがしてきて、容赦ない生活臭に悩まされています。ふだんは紙おむつをあてています。においをどう解決すればよいでしょうか。

（神奈川県　S・K　68歳）

A

いま、強力な消臭スプレーも出ていますが、それよりまず先に、なぜ便や尿のにおいが強いのか、その原因を確認する必要があります。お義母さまに使っているおむつやパッドのサイズや種類が体格に合っていない、合っていてもあて方が適切でないと、すき間から尿・下痢便が衣服や寝具に漏れることが多くなります。排泄物は空気に触れたままですといっそうにおいがきつくなります。

おむつとパッドは同じメーカーの製品を使って、おむつのギャザー内にパッドが収まるようにしましょう。サイズが合わなくて体にフィットしていなかったり、漏れないようにと何枚もパッドを重ねたりするのは、蒸れてとても不快なものです。これらが原因となって、便いじりやおむつ外しをしてしまうことが介護の現場では往々にしてあります。においの元になる衣服や寝具への漏れを防ぐためにも、本人の体や排泄状態に合った製品や道具を選ぶこと。それを適切に使うことで解決することが案外多いものなのです。

たとえば、以前、相談を受けた先では、尿がちょっとでも漏れるとシーツ交換が大変だからと、おむつに何枚もパッドを重ねて介護されている方がいらっしゃいました。そうすると、かえって尿が出るところ（尿道口）とパッドがしっかりとあたりにくくなり、すき間ができることで、おむつの外に尿が漏れて結局はシーツを汚してしまいます。パッドも少しずつ尿で汚れていましたが、もったいないからと乾かしてまた使っているため、それも悪臭の原因になってしまっていました。

商品の選び方や使い方に悩んだら、ケアマネジャーさんや訪問看護師さんに相談するほか、排泄用品を扱っている各メーカーのホームページを見てみるのもよいでしょう。電話相談を開設していたり、製品の正しい使い方をイラストや動画で詳しく紹介したりしています。各メーカーから無料サンプルをいくつか取り寄せて、肌ざわりやフィット感をチェックして、はき心地がよく、介護者にとっても使いやすいものを見つけましょう。

知っておきたい
介護の知識

おむつやパッドを使う前に

排泄ケアに欠かせないおむつやパッド。
正しい使い方の「基本のキ」について
梶原さんに教えていただきました。

サイズの選び方

おむつには、テープタイプ、ベルトタイプと、パンツタイプがあります。原則としてテープとベルトタイプは、ヒップサイズで選び、パンツタイプはウエストサイズで選びます。

使う前のひと工夫

製品は圧縮されていて、そのまま使うと体にフィットしにくく漏れの原因になりますので手で広げ、圧縮を取ってから使います。その際、おむつを上から振り下ろしたりしないことです。吸収してほしい部分からポリマーが移動して偏り、漏れの原因になってしまいます。

〈圧縮の取り方〉

●テープタイプのおむつは、テープを外して広げ、ギャザーを立たせます。パンツタイプは、腹部と背部に手を入れて広げて圧縮を取り、ギャザーを立たせます。

●パッドは横長にして持ち、両端を横に軽く引っ張って、ギャザーを立たせます。

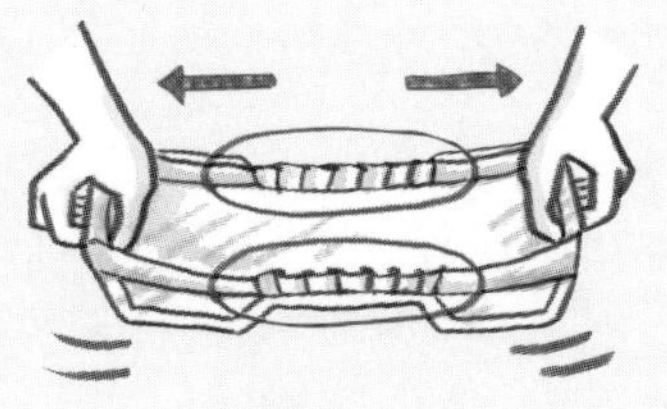

おむつやパッドの役割について

おむつやパッドは、尿(水分)を受けるためのものです。
ポリマーが尿を固めて、逆戻りさせないようになっています。便は粒子が大きく、おむつの表面を目詰まりさせてしまうので、下痢便用には不向きです。ただし、軽い便漏れ用のパッドや下痢便対応のパッド、下痢便用シートといった下痢便対応の製品も、少しですがみられるようになってきています。用途に応じてパッドを選び、おむつの内側にパッドを付けて使います。

Q

ふだん、ポータブルトイレを使っている母が、だんだん自力で排便ができなくなっています。自力で出すのが困難になったときの排便の促し方について知りたいです。

（愛知県　M・K　62歳）

A

まず、ポータブルトイレの高さを確認してみましょう。ベッドの高さとトイレの高さが一致していないと、ポータブルトイレに移ること自体が難しいです。もともと使っているベッドが低いケースが多いのですが、低いところから高いところに移るのは、要介護ではない方でも、自力では大変ですよね。

ベッドとポータブルトイレの高さがそろうようにすることに加えて、排泄時の姿勢が前傾しやすいように、「足台」を置くことをおすすめします。足台に両足をのせることで、自然に前傾姿勢になり、腹圧もかけやすく、便が出やすくなります。イラストを参考にし、35度の角度をつくれるように工夫をしてください。

介助をすればトイレに移動できるという方には、前方へ倒れるのを防ぎ、安全に前傾姿勢が保てるように前傾ボード（レストテーブル）を取り付けることもおすすめです。利用時以外は跳ね上げが可能なタイプもあり、ご家族がトイレ使用時に邪魔になりません。

また、排便がうまくいくためには、こうした用具の工夫も大切ですが、もっとも重要なのはスムーズに排便できるよい便をつくることです。ふだんの食事・睡眠・運動などについて見直してみましょう。

- **バランスよく、3食決まった時間に食べられているか**
- **食事の量は適切か**
- **水分はとれているか**（少なすぎても、多すぎてもいけません）
- **睡眠は規則正しく、十分に眠れているか**
- **体は動かせているか**

などをチェックしてください。

（食事の工夫については、第4章へ）

前傾ボードがあれば、
前傾姿勢が安全に保てる

Q

認知症の義母は、排尿や排便で衣類が汚れているのに、汚れに気づかずたたんでたんすにしまっています。お尻がきれいに拭けていないようで部屋のにおいも気になります。義母の自尊心を傷つけずにうまく伝える方法はありますか。

（福岡県　K・M　58歳）

A

お義母さまが汚れに気がついていないと思われているようですが、たたんであるということは汚れがわからないようにしているとも考えられます。ご本人も汚したことに気がついていらっしゃるのではないでしょうか。「知られたくない、恥ずかしい」という気持ちから、とりあえずどこかに入れておこうとたんすに隠してしまうケースなども多いのです。

お義母さまの自尊心を傷つけないようにという向き合い方は、とても大事なことです。認知症の方への対応として、症状が進行しても羞恥心と自尊心は残っているということをぜひ覚えておいてください。

汚れものを見つけてもイラッとせずに、黙って洗濯をして、そっと元に戻しておきましょう。怒ったり、失敗を認めさせようと追い詰めたりすると余計に状況は悪くなります。認知症の方が、お尻がちゃんと拭けない、便器が汚れてしまうというのは、よくあることです。そして無理やりではなく、あくまでも誘導するかたちで「おトイレに行って、ちょっとお尻見せてもらってもいい？　赤くなっていると困るから」といった声がけをしてみてはどうでしょうか。

ただ、どんなに理性的に介護をしようと思っていても、認知症の介護の場合、排泄の問題がくり返されるとストレスがたまり、怒りがエスカレートして暴力をふるってしまうといったことが起こりかねません。追い詰められてそのような状況になってしまう前に、ぜひ介護のプロに頼みましょう。たとえば排泄ケアのためだけに、一日数回、30分単位でヘルパーさんにお願いすることも考えてみましょう。

他人が入ることで、気持ちがリセットされますし、プロの手を借りることで排泄の問題が解決できることもあります。ケアマネジャーさんに相談し、自分や家族だけで抱えこまないようにしましょう。認知症カフェなどに行くこともおすすめします。同じ境遇の方々と語り合い、気晴らしをして、気持ちを軽くしてほしいと思います。ときどきは大きな溜め息をついて、リラックスして荷下ろしをすることは、介護の日々のなかではとても大事です。

認知症と排泄障害の現れ方について

認知症の種類によって、排泄障害の現れ方が異なることもあります。

◎アルツハイマー型認知症

認知症状が強く、排尿障害や歩行障害は初期には目立たない。

◎血管性認知症

障害の部位にもよるが歩行障害、尿失禁が強く出ることが多い。頻尿・夜間頻尿、切迫性尿失禁が起こりやすい。

◎レビー小体型認知症

幻聴・幻覚、認知症状、歩行障害、排尿障害のいずれも目立つ。

Q

夫の頻尿に悩んでいます。夜間も何度もトイレに行くので、つきそいが大変です。対処法はありますか。

（福岡県　K・I　78歳）

A

頻尿でお困りの方は一度、泌尿器科の受診をおすすめします。中高年男性で、尿が出にくいのに気がつかないうちにだらだらと漏れるといった症状は、前立腺肥大が原因で起こる溢流（いつりゅう）性（せい）尿失禁の可能性もあり、治療の必要性も考えられます。尿漏れの症状と対処法について左ページのチャートで簡単にまとめていますので、参考にしてください。

夜間頻尿については、トイレに行った時間と回数を記録してから受診するようにしましょう。「介助するのに大変で、眠れず、とても疲れています」という切実な状況も、担当医に伝えることが大事です。

また、水分をとりすぎていないかをチェックし、必要以上に飲んでいた場合は、飲む量を調整するようにしましょう。

尿漏れがみられたら

どんなときに、どのように漏れますか?

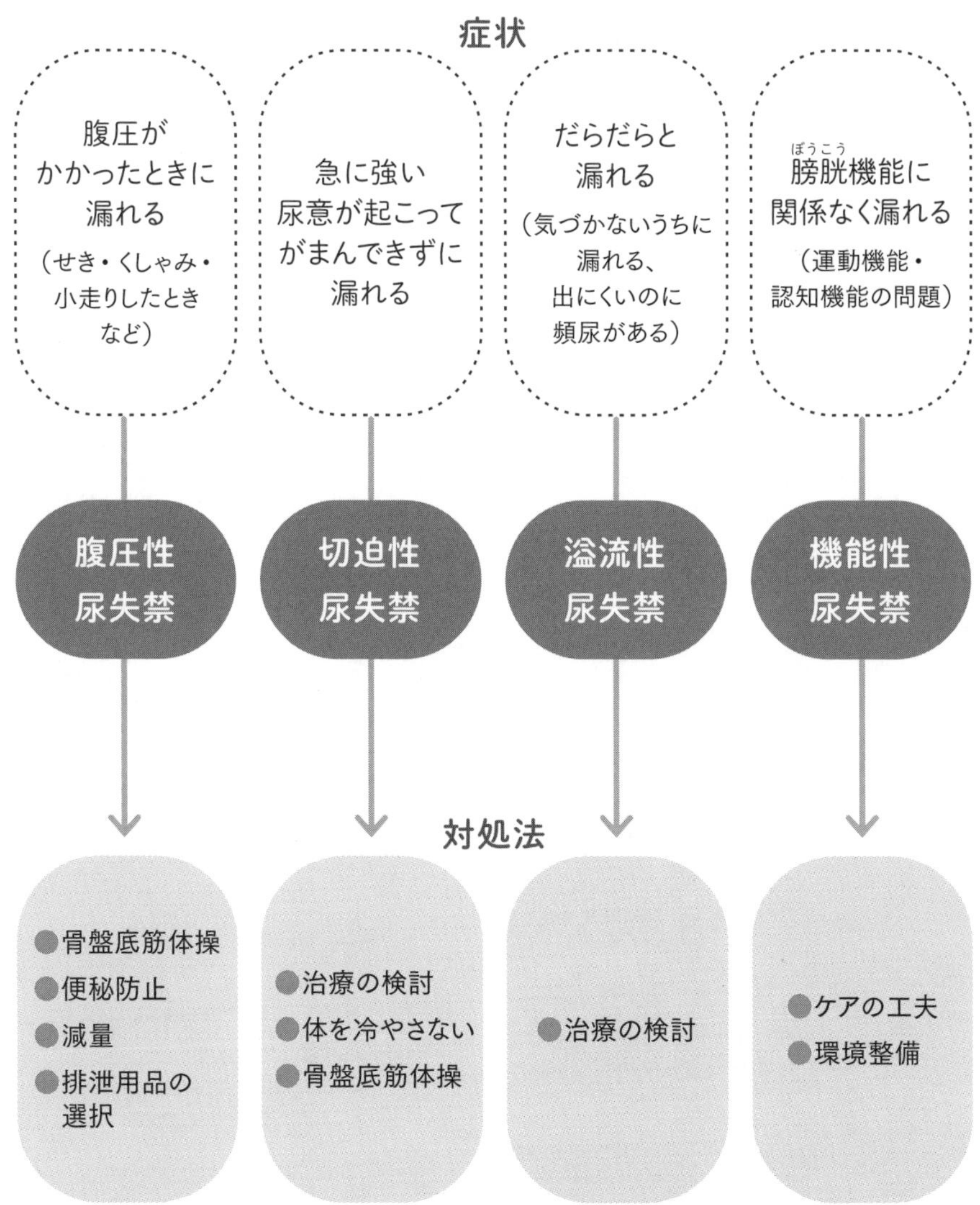

Q

夫は高齢になり、ちょっとだけ漏れてしまうというので、なかなか外出したがらなくなりました。近所への散歩など誘ってもいやがります。何かいい対処法はありますか。

（岐阜県　K・R　78歳）

A

男性は加齢により尿の勢いが悪くなることが多く、そのため尿道に尿が残り、歩いたりすることで、尿が少しだけ漏れるということはよくあります。排尿後にペニスの裏側をしごくなどで尿を出しきれば、チョイ漏れはある程度防ぐことは可能です。

中高年になると多くの方に排尿障害は起こりがちです。そうなることはわかっていても、特に排泄のことは受け入れがたいものですが、だれにでも起こりうる加齢現象の一つとして受け入れ、困らないよう対処を考えることが大切だと思います。老眼や白髪になるのと同じように、おしっこが漏れても「来るものが来た」と思い、抗（あらが）わないことです。

そしてこれまでどおりの生活が続けられるように、便利なグッズを積極的に使うことをおすすめします。外出時は尿漏れパッドを着ければ安心です。私は、「パッドを着けることで、いまの生活を変えなくていいのなら、パッドを着けてどんどん外に出ましょう」と、みなさんにお話ししています。あるものは使わないと損だと思います。店頭で買うのがためらわれる場合は、ネットでの購入をおすすめします。一度、試しに着けて近所を散歩してみると、便利なグッズだということがわかるはずです。そうした積み重ねで、外出の自信もつくのではと思います。

アンケートより

入浴介助について心配事はありますか

入りたがらない

●100歳になる母の介護をしています。デイサービスでお風呂に入れていただけるので、本人も家では入りたがらず、シャワーか足浴をしてすませることが多いです。

（広島県　H・H　69歳）

●結婚と同時に同居し、現在、102歳になる義母を介護していますが、いやがってなかなかお風呂に入ろうとしません。

（茨城県　N・Y　72歳）

介助がしにくい・浴槽が深い

●夫は室内は歩行補助器で移動していて、風呂場にはシャワーチェアーを置いている。風呂場が狭いので、入浴の世話がしにくい。

（鳥取県　A・N　87歳）

●一人暮らしの母は認知症ではあるけれど体は不自由ではないため、直接、介護することはないが、浴槽が深いので入るのが大変。

（山口県　U・R　61歳）

Q&A

安心・安全な入浴介助について

自宅での入浴が楽しみな時間になるように、
介護者にも負担が少なく、
安心して入浴してもらえるためのポイントを
訪問看護ステーション所長の
松岡千鶴子さんにうかがいました。

回答
松岡千鶴子

まつおか・ちづこ／社会福祉法人古木会（ふるいきかい）・中町訪問看護ステーション所長。看護師として病院に約40年（そのうち併設の訪問看護ステーションに約18年）勤務後、現職。古木会は1982年創立の東京都世田谷区を拠点とする社会福祉法人。

Q

認知症の母を自宅で介護しています。服を脱ぐのもいやがってなかなかお風呂に入りません。入浴させるまでにひと苦労で、自分もつい面倒に思ってしまいます。（栃木県　Y・S　68歳）

A

認知症の方がお風呂に入るのをいやがるのにはいくつか原因があります。その一つにお風呂に入る行為そのものがわからず、恐怖心を抱いてしまっているということがあります。お風呂に入るために服を脱ぐということへも当然、防衛反応が働きます。

認知症の方の場合は、無理にお風呂に入れようとはせず、段階を経て心の準備をしてもらうことと、そのための環境づくりがとても大切です。

まずベッドのある部屋で足浴から始めていくのもいいと思いますが、靴下を脱ぐのもいやがっているようなら、ホットタオルを準備して、洋服の上からあてて温めるだけでもいいと思います。ホットタオルは水で濡らして絞ったものを1分ほど電子レンジにかけて、ほどよい温かさに冷ましてから使います。

ホットタオルをあててじんわりと温かさを味わってもらい、「気持ちがいい」「こんなに温かい」ということを感じてもらいます。そして、足や手を温めてから、「実はお風呂を用意してあるのよ」とさりげなく誘導し、洋服を脱がせるときは、「濡れちゃうかもしれないからお洋服脱いでもいい?」などと声をかけるとよいでしょう。

ご家族は思いがあるからこそ、つい強引に進めてしまいがちだと思います。でも、うまくいかなくても無理強いせず、まずは足浴や清拭が「気持ちがいい」ということを感じてもらうことから始めましょう。

冬場であれば、お風呂場と廊下の温度差がないように暖房器具で暖めておき、環境を整えてからお風呂に誘導します。また、お風呂は夜に入るものだという固定観念から離れて、昼間の時間に促してみてはどうでしょうか。介護する側に、時間と心の余裕があるときを選んで、トライしてみることをおすすめします。そのほうが、おたがいにリラックスできるのではと思います。

Q

義母を介護しています。浴槽が深いので、入るのが大変です。どういう道具を使えば、安全に入浴できますか。

（愛知県　G・S　65歳）

A

浴槽が深い場合は、次のような道具を使うことで安全に入ることができます。入浴介助も楽になりますので、ぜひ試してみてください。

●入浴台（バスボード）を利用し、座ってから浴槽に入る

入浴台は、浴槽の縁に置いて使用する板のようなものです。一度、板に腰を下ろしてから浴槽に入るので、浴槽をまたぐために高く脚を上げる必要がなく、安全にお風呂に入れます。使わないときは跳ね上げておけるタイプもあります。

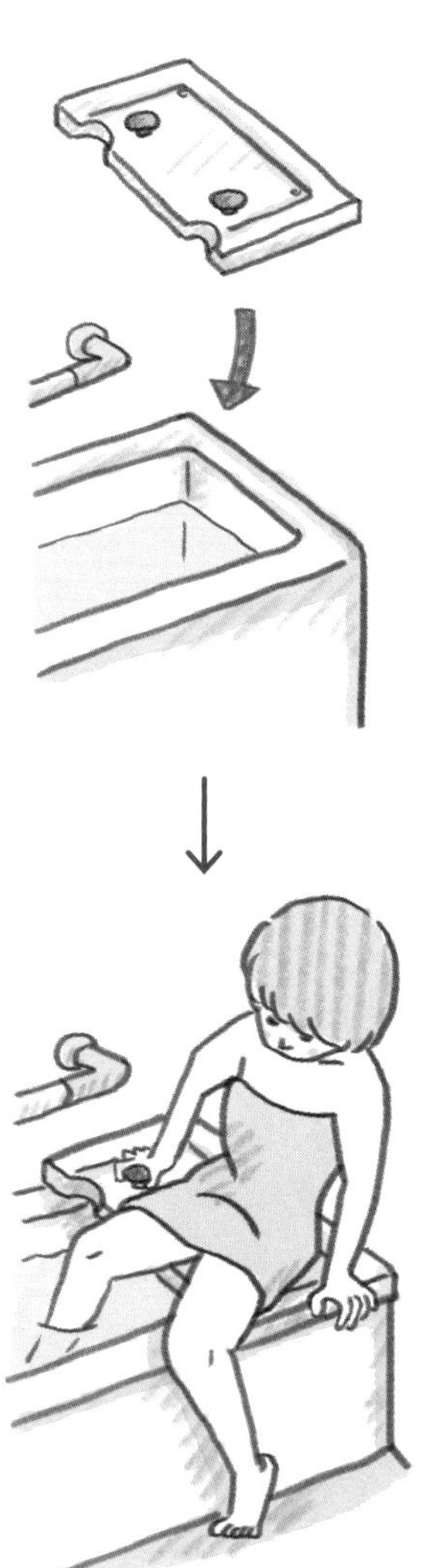

●浴槽台を利用する

浴槽に沈めて使用します。半身浴をするのにも便利です。座面がソフトで座り心地のよいタイプや、軽くて持ちやすいものなどがあります。

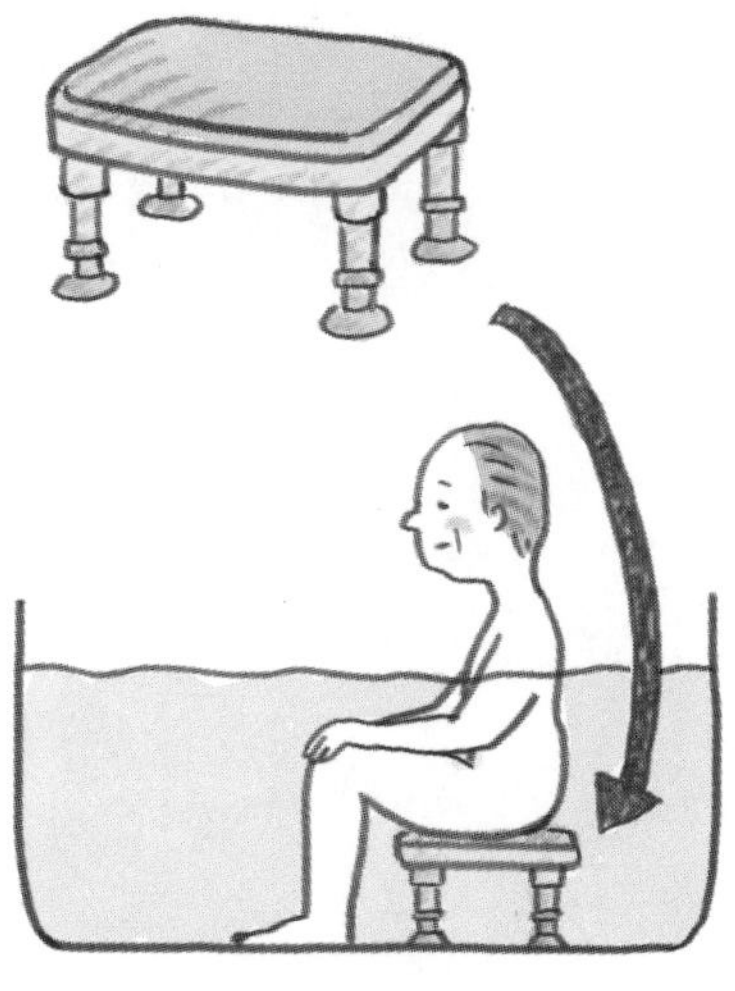

●グリップタイプの手すりを設置する

浴槽の縁をはさみこんで設置するグリップタイプの手すりを付けると、浴槽へ出入りするときにつかまることができ、浴槽をまたぐ動作が安定します。要介護者が手すりを握ったときにつかみやすいかたちで、頑丈なものを選びます。

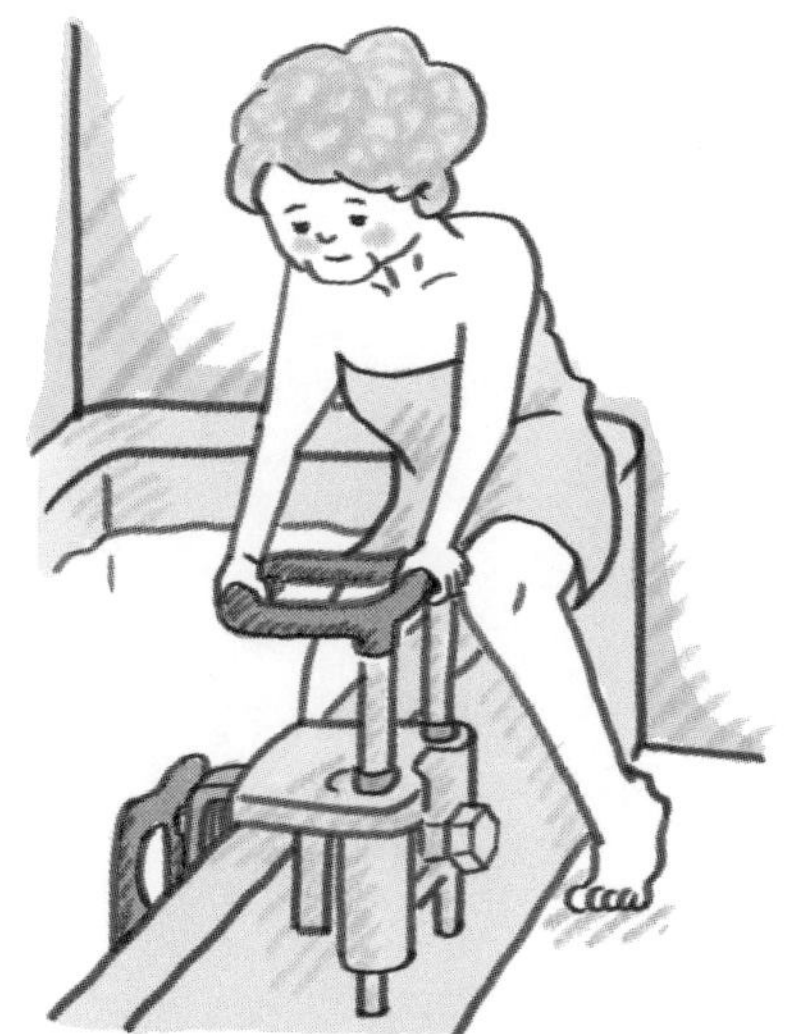

いろいろな入浴介助の道具

入浴介助に必要な道具はほかにもいろいろあります。体の状況によって必要な道具も違ってきます。どのように選んだらいいのか迷ったときは、ケアマネジャーに相談しましょう。

シャワーチェアー

膝や腰に負担がなく、安定して座れるように、背もたれと肘かけ付きタイプのものをおすすめします。要介護者の体格や、洗い場の広さに合わせて選びましょう。使わないときは折りたためるものや、乗せたまま洗い場に移動できるキャスター付きのシャワーチェアーもあります。

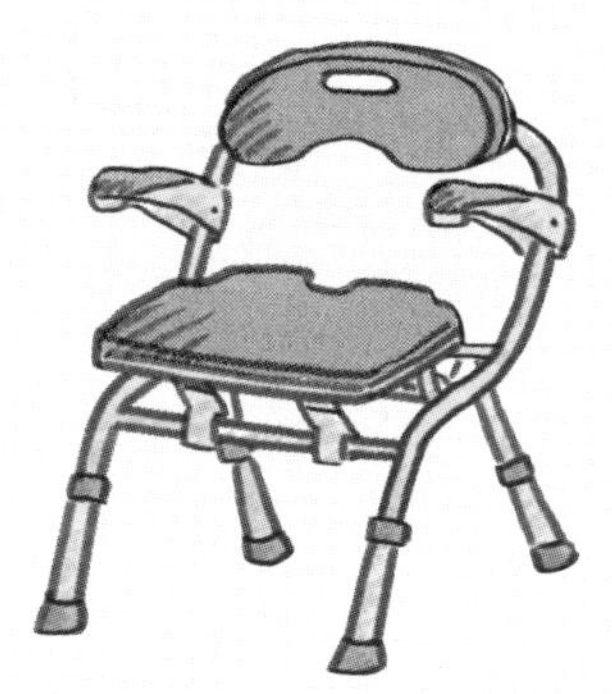

滑り止めマット

浴室の洗い場に置いたり、浴槽に沈めて使用します。防カビ加工がされた、介護用を選ぶと失敗がありません。

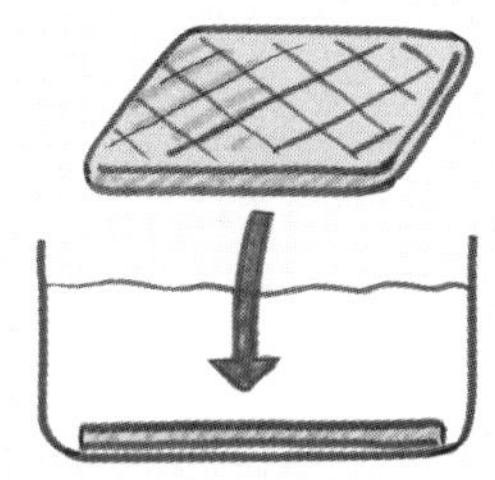

入浴に使うものはレンタルできる?

シャワーチェアー、バスボードなど、体に触れる入浴補助用具は衛生上、レンタルではなく、購入になります。ただし、介護保険を利用すると、自己負担1割(その人の所得によって2割、3割と負担割合が変わる)で購入できます。支給限度額は、4月から翌年3月までの1年間で10万円です。とりあえず利用者が全額を支払って購入し、そのあとで市町村役場へ申請をし、払い戻してもらうという(償還払い)流れです。

Q

夫は週3回のデイサービスでお風呂に入れてもらっているので、自宅ではシャワーか足浴でお風呂には入らないことも多いです。わたしも高齢なので、なかなか入浴介助まではできません。

（愛知県　T・M　88歳）

A

週3回入浴しているので、入浴介助が負担でしたら、足浴やシャワーのみでよいのではないでしょうか。無理をせず、汗をかいたときなどはホットタオルで拭くので十分です。浴槽の深さなどが問題で入浴介助が難しいのであれば、前述のように、バスボードや浴槽台を使うことも検討してもよいかと思います。

自宅で入浴をしない場合、見逃してしまいがちなのは、皮膚の乾燥です。とくに冬場は水分をとるのを忘れがちなので脱水ぎみになり、空気も乾燥しているため、皮膚がかさかさになってしまいます。

かゆみが出てひっかいてしまうと、そこから菌が入ってしまうので、シャワーや足浴のあとは保湿剤をかならず塗るようにし、皮膚のケアをしてください。保湿しても治らないときは、皮膚科で診てもらいましょう。

これまで実家にいた母を呼び寄せて、在宅で介護をしたいと思っています。風呂場が狭いのですが、入浴介助できますか。

（滋賀県　G・C　59歳）

A

訪問看護の入浴介助では、ユニットバスであっても、シャワーチェアーと一人分のスペースがあれば、十分介助はできます。

ご自身でお母様の入浴介助をされるのであれば、ヘルパーがどうやって介助をしているのか、一度よくみて、流れを覚えていただくのがいちばんよいかと思います。

入浴には清潔を保つ、感染症を予防する、血行促進といったことに加えて、リラクゼーションや気分転換という目的もあります。「さっぱりした」「気持ちがよかった」という気持ちになってもらえると、精神的にもいいですし、介護する側もうれしいですよね。ぜひお風呂の時間を大切にしてほしいと思います。

次のページに、入浴介助をする際のチェック事項をいくつかあげました。

入浴前後と入浴中にも、それぞれ押さえておきたい大事なポイントがあります。ヒートショックや皮膚の乾燥、水分補給など、季節によって特に気をつけなければいけないこともありますので、ぜひ目を通しておいてください。

知っておきたい

介護の知識

入浴介助をする前に気をつけたいこと

□ 空腹時や食事の直後は避ける。

※空腹時は水分不足や血糖値の低下を引き起こし、
めまい・貧血などの体調変化のおそれがある。

□ 食事の直後の入浴は、消化不良を起こしやすいので避ける。

□ ヒートショック※対策のため、浴室と脱衣所の温度差に注意。
入浴前に浴室・脱衣所を電気ストーブなどで暖めておく。
一軒家は特に廊下が寒いので注意する。

※ヒートショックとは？
気温の変化によって血圧が上下し、心臓や血管の疾患が起こること。血圧乱高下で脳内出血・大動脈解離・心筋梗塞・脳梗塞などが起こりやすい11〜2月はヒートショックがよく起こる時期（93ページ参照）。

入浴中の注意点

□ 自分で体を洗える人には自分でしてもらい、できない人には、
洗髪・洗顔・背部・上半身・下半身・陰部の順で洗う。
陰部はなるべく本人に洗ってもらう。

□ 末梢循環の悪い方は、足浴用のバケツなどを用意し、
シャワーチェアーに座っているときに、足を温めるとよい。

□ 顔色や気分が悪くないか、声かけや確認をしながら入浴する。

□ 湯の温度は39〜41度で、5分以内に上がるようにする。

入浴後の注意点

□ 浴室内で体を拭き、保湿ローションをつける。

□ 冬場は、浴室と脱衣所が同じ温度になるように
電気ストーブなどを置き、脱衣所にいすを置いて、
座りながらゆっくり着替えをする。

□ 入浴後は水分補給をして、少し休むようにする。

マンガ

介護のココロ

作：古野崎ちち子

その❽ お宝誕生

その❾ 紙パンツは絶対にはかん

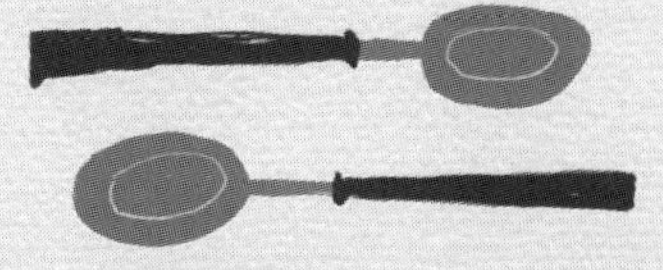

第6章

認知症の家族との暮らし

アンケートより

認知症の家族の介護に直面して思うことについて教えてください

こんなことがストレスになっています

●アルツハイマー型認知症の父は、着る服が部屋にあっても「服がない」「靴下がない」「財布がない」「盗まれた」と日に何度も言うので病気とわかっていても、ついつい怒ってしまい、いつも反省。

（北海道　N・M　62歳）

●義母は自分の身の回りのことは自分でできるが、昔の記憶といまのことが混ざって話が通じない。薬など自分で管理したがるが、よく、「ない」と大騒ぎ。別の場所に置いたことがわからないときは、たいてい私が盗ったことになり、やり取りに疲れる。そのうちお金がないと言い出すのではと心配している。自分がしっかりしていると思っているので、私や夫の意見は聞き入れない。

（兵庫県　I・T　68歳）

※脳に嗜銀顆粒と呼ばれる物質が蓄積することによって発症する認知症。もの忘れの症状が最初に現れ、進行するにつれ頑固になる、怒りやすくなるなどの症状が出る。

つらい気持ちになります

●母が頑として自宅から離れるのを拒んだため、母の姉の葬式で家を離れたのを機に、だますようにしてわが家で同居を開始した。そのころ、アルツハイマー型認知症独特の症状が強く出て混乱することがあり、怒り、嘆き悲しむ姿に心が痛んだ。

（神奈川県　I・Y　73歳）

●母は自宅で転倒し、ヘルパーさんが来て、見つけてくれるまで半日近くかかりました。その

●認知症ということもあるのかもしれないが、母が何に対しても否定的な発言をして、私に対しても傷つくようなことを言う。夫に愚痴をこぼすと「病気なんだから受け流せ」とアドバイスされるができず、やさしくしてあげられない。

（群馬県　K・M　59歳）

●自転車で約7分くらいのところに住む母は、嗜銀顆粒性認知症※です。いまいちばん困っていることは、昼寝していると思ったら、突然、「今日って何曜日だっけ？」「お昼食べたっけ？」「夕飯ある？」「朝ごはんある？」……と、同じ質問のくり返しです。見当識障害というらしく、対処として買いものに出るなどで、逃げることにしました。介護というか、お相手？　おつきあい？　子守り？　ご機嫌とり？　この生活がいつまで続くのか……。

（東京都　N・K　55歳）

ことがあってから、急に認知症が進んだと感じました。それでも、トイレなど自分ができることはしたいとがんばっています。プライドを大事にしてあげたいと思いますが、母の認知症の症状に対してどう対応すればいいのか、戸惑ってしまいます。本人がいちばん苦しいと、頭では理解できるのですが、難しいところです。

（千葉県　M・K　65歳）

生きるお手本になります

●レビー小体型認知症と診断された義母の在宅介護の間は、15分と目が離せない状況だったので、義父をはじめみんな疲れてしまい、在宅介護の限界だったと思います。義母は施設に入ってからしだいに認知症も進みましたが、寝たきりで家族の顔がわからなくなっても、訪れる人に「おかけになって」といすをすすめ、やさしい気配りの人であることは最後まで変わりませんでした。

（大阪府　H・T　69歳）

●アルツハイマー型認知症の義母は、わからなかったり判断できなくなったりしたことも多いが、施設の方にも「ありがとう」と笑顔で過ごしているということを聞き、人としてどのように生きるのか、見本をみせてもらっている。

（兵庫県　S・Y　54歳）

介護中に起きた心に残る出来事はありますか

まわりの人の温かさに触れました

●2年くらい前の冬、早朝に父が杖をついて散歩に出かけ、途中歩けなくなり座りこんでいたところ、知らないご近所の方に助けていただきました。たまたま除雪中の方が見つけてわが家まで教えに来てくださり、立てなくなっていた父の座面を段ボールと毛布で保護してくださっていました。温かい対応に心から感謝しました。

（北海道　H・E　60歳）

●アルツハイマー型認知症の夫の徘徊がたびたびあったとき、警察の方の対応がやさしく、ありがたかった。また、見知らぬ人が名札を見て連絡してくださるなど、多くの方の親切を受けて善意の方が多いと感謝しました。

（愛知県　M・T　79歳）

知っておきたい

介護の知識

認知症についての基礎知識と介護のポイント

監修 岩田 淳

いわた・あつし／東京都健康長寿医療センター脳神経内科部長。東京大学医学部卒業。同大学院医学系研究科大学院博士課程修了（医学博士）。2020年より現職。アルツハイマー型認知症の根本治療薬の開発にも取り組んでいる。

代表的な認知症の種類と現れる症状

認知症にはいくつか種類がありますが、そのなかでもっとも多いのがアルツハイマー型認知症で、全体の約70％を占めています。そのほかに比較的よく見られる認知症は、血管性認知症、レビー小体型認知症、前頭側頭型認知症です。

アルツハイマー型認知症は、脳の神経細胞が死んでしまったり、働きが悪くなって脳が萎縮していく病気で、もの忘れ（記憶障害）の症状が現れることが知られています。

血管性認知症は、脳梗塞や脳出血などによって脳の血液循環が悪くなって起こり、脳の障害が起きた部分により、できることとできないことの差が大きくなります。

レビー小体型認知症は、αシヌクレインという異常なたんぱく質がたまって起こります。もの忘れの症状は軽い一方で、幻覚や妄想、パーキンソン病に似た症状などが出ます。

前頭側頭型認知症は、前頭葉や側頭葉に萎縮がみられ、性格が変わったようになり、非常識で乱暴な行動が増えます。言葉の意味がわからないなど言語障害もあります。

こうした認知症の症状の一方で、もの忘れの症状も年齢とともに増えてきます。そのため、認知症の症状が「年のせい」と勘違いされてしまうこともあるのです。

初期に現れる変化に気づくことが重要です

軽度認知障害（151ページ参照）やアルツハイマー型認知症の初期症状の特徴としてあげられるのが記憶のあいまいさです。次のような症状がめやすとなります。

①1カ月以内にあった冠婚葬祭などの特別なイベントについて、体験したことは覚えているけれど、

その内容があいまいになる。
②物事の段取りや手際が悪くなる。
③数分前に聞いたことを忘れて何度も確認したり何度も同じものを買ってきたりする。

②の場合、わかりやすいのが家事ですが、いっさい家事をしない方は、発見が遅れる場合があります。家事以外にも、いままで難なくできていたことができなくなっていたら要注意です。

もの忘れをごまかそうとする「取り繕い」に注意しましょう

アルツハイマー型認知症の初期症状にみられる行動でもう一つ知っておいてほしいのが「取り繕い」です。自分が覚えていないことを悟られないように、ごまかそうとする傾向があります。取り繕いがうまいために、家族が認知症の症状に気づかず、診断が遅れるケースもあるので注意が必要です。

アルツハイマー型認知症になっても感情や自尊心は保たれているので、「その場の空気を悪くしたくない」「恥ずかしい思いをしたくない」という気持ちから、取り繕ってごまかそうとしてしまうのです。

どうもおかしいなと思ったら、会話をするときに、だれもが知っている大きなニュースを話題として取り上げて、反応をみてみます。その際、試すような態度やまちがいを指摘するのはNGです。「なるほど」「そうだよね」と肯定的に受け止めて、自然な会話を心がけましょう。

加齢によるもの忘れとアルツハイマー型認知症によるもの忘れの違い

	加齢によるもの忘れ	認知症によるもの忘れ
特徴	□体験したことの一部を忘れてしまう（体験したこと自体は覚えている） □人やものの名前などの単語が出てこないことがある（特にふだん使わない言葉） □ヒントを与えると思い出せる	□体験したこと自体を忘れる □数分～数時間前のことを忘れてしまう □ヒントを与えても思い出せない
自覚	忘れっぽいことの自覚がある	もの忘れの自覚がないことが多い
進行	あまり進行しない	だんだん進行する
日常生活への影響	あまり支障がない	支障がある

アンケートより

これをしてよかったと思うことはありますか

脳の活性化のために

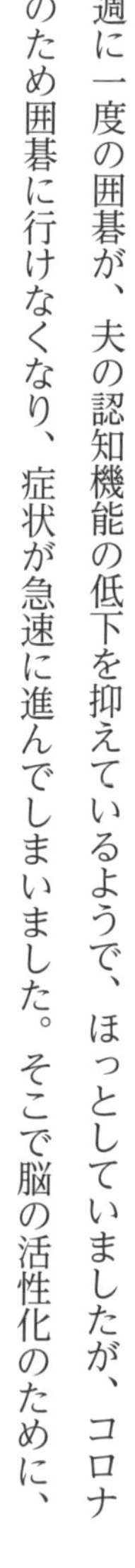

●週に一度の囲碁が、夫の認知機能の低下を抑えているようで、ほっとしていましたが、コロナ禍のため囲碁に行けなくなり、症状が急速に進んでしまいました。そこで脳の活性化のために、

・手の指1本ずつのマッサージと腕（肘から下）をねじるようにする。
・新聞の短いコラムや相田みつをの本などを声に出して読んでもらう。
・友の会の「食べたもの調べ」の手伝い。
・じゃんけんぽん3番勝負、5番勝負をボーッとしていたり、下ばかり向いているときにする。
・町内のゴミ袋の記名や、雑誌に住所、氏名、花の名前や動物名など書いてもらう。

以上のことをしています。

（三重県　H・M　78歳）

その人らしさを大事に

●認知症ケアについてのシンポジウムに参加。「認知症であろうと、身体障害者であろうと、幼い子どもであろうと、その人のもっている尊厳を認め、その人らしく当たり前に生きていけるような手助けがしたい」と思いました。

（広島県　H・H　69歳）

●父は認知症です。昔、仕事をしていた現場や、魚を獲りに行った海の見えるレストランに連れて行くと、昔を思い出すようで顔が生き生きしてきます。その後、家での生活も脳が活性化するようでうれしかったです。

（高知県　N・M　59歳）

声かけを欠かさずに

●失禁などで、義母が「こんなふうになって困っちゃったわ」と落ちこんだとき、体を拭きながら、「みんな昔に帰っていくんだから大丈夫ですよ」と声かけしている。「くるくるぱーになっちゃった」と言われたときは、「私もですよ、いろいろ忘れることあるから同じですよ、大丈夫」と答えている。本人もきっとつらいはずなので、常に笑顔を忘れずに。自分がつらいときは深呼吸して、心を整えてから答えるようにする。子育てと同じだなあと、いま実感している。

（愛知県　O・K　54歳）

●夫の看病を始めたとき、「どんなときも笑顔で接しよう」と心に決めた。朝もとびっきりの笑顔で「おはよう」と声をかけた。夫もおむつ替えが終わったときなど「何から何までありがとさん」と言ってくれた。ときには「サンキュウベルマッチ」と言うこともあった。

（宮崎県　S・N　85歳）

介護する側の気持ちを整える

●母の認知症がわかったとき、ショックで落ちこんでいた私にケアマネジャーさんが「お母さんの人格が変わるわけじゃない。お母さんらしく毎日過ごせるようサポートしていきましょう」と言ってくださいました。２０１３年ごろからノートをつけていて、その当時のケアマネジャーさんが言ってくださった言葉などをときどき読み返しています。

（群馬県　H・K　57歳）

●認知症は本人の病気ですが、介護する側の対応で気持ちよく生活できるか否かが決まるような気がします。ただし、介護する側もいつもそれができるわけもなく、できないときは落ちこみ、自分を責めてしまいます。コロナで気分転換も十分できませんが、玄関先で植物を育てて気持ちを元気にしています。夫の好む色の花が咲くと「きれいだね」と言ってくれ、また幼稚園の行き帰り、「お花きれい！」と歓声をあげてくれる子どもたちにも元気をもらっています。

（神奈川県　S・C　74歳）

携帯のアプリや見守りサービスを利用

●前頭側頭型認知症、アルツハイマー型認知症の夫は歩くのが好きで、在宅日は一日3回散歩（約2万4000歩）に出かけます。「一緒に歩いたら」と他人から言われることがたびたびありますが、2万歩は歩けません。なので、見守りアプリを活用しています。携帯も使えなくなった夫ですが、こうなる前に早めに相談し、私の携帯と夫の携帯をGPS機能を使った見守りサービスでつないでもらったことがよかったと思います。いまは、夫が外に出ているときは、経路を何度か確認し、一日の終わりにその日歩いた歩数から疲れ具合を察しています。

（大阪府　S・K　77歳）

●認知症の夫はもともと、指図されることをいやがるため、手助けがしにくい。また、外出、排尿、排便の手伝いを固辞するため、悟られないように介助することが多く、苦心している。徘徊が幾度もあり、そのたびごとに地域、警察に見守っていただき、SNSの徘徊見守りネットワークにも登録していて助けられた。危険なこと以外は口出しせず見守ることにしている。見て見ぬふりにも慣れは生まれ、いつの間にかたがいを労り合う空気も生まれてきた。

（福岡県　K・K　78歳）

知っておきたい

介護の知識

介護を支える いろいろな 見守りサービス

認知症の方の徘徊や、一人暮らしの高齢者を見守るサービスの一例を紹介します。地域でほかにどんなサービスがあるのか、調べるのもよいでしょう。

GPS位置情報サービス型

GPS端末機を利用した見守りサービスで、対象者の居場所がスマホで即座にわかる。シューズにセットしたり、御守りサイズの袋に入れて身につけられる小さな端末機もあり、認知症の方の徘徊に特化した見守りサービスもある。

アプリ型

スマホのアプリを利用した見守りサービスで、対象者がボタン一つで家族に安否を伝達でき、緊急通報機能も備えているものも。徘徊時に近隣の協力者に捜索依頼を通知し、個人情報を保護したうえで捜索が可能な見守り合いアプリもある。

センサー型

電化製品やセンサー、使用量で、離れて暮らす家族の安否を24時間確認できる。緊急通報型と日常連絡型があり、安否通知は家族のスマホや画像で確認できるサービスもある。

訪問型

定期的な直接訪問(委託を含む)で、対象者と家族を結ぶ、顔が見える見守りサービス。家族など指定の報告先へ安否通知が連絡される。特別な機器や初期費用が不要。

電話やメール型

決まった時間に自動配信される電話やメールで健康状態や安否に応える。安否通知は家族へメールで伝える、自治体へ連絡するというものもある。

宅配型

食事の宅配企業や生協のほか、新聞販売店などが、高齢者の健康状態などを対面で確認する。行政がライフライン関連、宅配、新聞などの事業者と協定を締結し、安否確認をしているケースも。

＊これらのサービスは、介護保険が適用されるものとされないものがあり、無料から数万円かかるものまでさまざまです。ケアマネジャーなどに相談しながら検討するとよいでしょう。

Q&A

認知症の介護の悩み

認知症特有の症状に対して、どう対応し、
介護を続けていけばよいのでしょうか。
認知症治療の専門家である
岩田淳さんにお答えいただきます。

回答
岩田 淳
いわた・あつし／東京都健康長寿医療センター脳神経内科部長。

Q

同居している母に認知症の症状があります。本人にどう説明して病院に連れて行けばいいのでしょうか。

（山形県　O・K　56歳）

A

よくあるのが、家族が心配のあまり「認知症かもしれないから」と強引に説得しようとして、本人から拒絶されるパターンです。心の準備もできていない状態で、「あなたは認知症だ」と言われたら、不安や不信感が大きくなり、受診をいやがるのは当然です。

まずは「認知症」という言葉は使わずに、何か口実をつくって受診につなげてみましょう。

たとえば、「一度、脳の健康度をチェックしてもらおうよ」と提案したり、かかりつけ医にもの忘れの検査を進めてもらう方法などがあります。

また、どうしても難しい場合は、「地域包括支援センター」に相談する方法もあります。地域によっては専門医や保健師、社会福祉士などの専門家でつくられた「認知症初期集中支援チーム」があり、早期受診のサポートをしてくれます。

Q

アルツハイマー型認知症の義母を介護しています。ときどき突然怒り出したり、「わたしのお金を盗ったでしょ」と責められたりと、困惑しています。どう対応したらよいのでしょうか。

（徳島県　N・H　58歳）

こうした症状は、アルツハイマー型認知症になった人に必ずみられる「中核症状」（もの忘れなど、認知機能で起こる症状）がベースにあって、そこにもともともっている性格や人間関係、そのときの心理状態、まわりの環境などが影響して現れるもので「周辺症状（ＢＤＳＤ）」と言われます。周辺症状の出現には、心理状態や人間関係が大きく影響するため、いつも接する家族の対応によってひどくなることがあります。逆に言えば、家族など介護者の接し方しだいで、緩和することもできるということです。

たとえば、「財布がない！　盗んだでしょう。返して！」と言われたら、「財布がないの？大変、一緒に探しましょう」と、一緒に見つけて、安心するようにします。

「家に帰らなくちゃ」と言い始めたら、否定せずに、落ち着くまでつきあうことが大切です。「送っていきますね」と家のまわりをひと回りして、もう一度、家に帰ったり、「あとで送りますから待っていて」と言って、時間をおくのも手です。患者さんは介護者を映す鏡です。介護する家族がおだやかに接することができれば、患者さんもおだやかに過ごせます。

Q 認知症の進行を遅らせるために、自宅で何かできることはありますか。

（長崎県　R・S　65歳）

A

認知症の進行を遅らせるためには、何か特別なことをしなくても、家の中での仕事を分担してもらうだけでも効果があります。認知症になったからといって、役割を取り上げてしまったら、本人はとても傷つきます。アルツハイマー型認知症の当事者には、感情や自尊心は残っているからです。

料理の下準備や庭の草むしり、洗濯物をたたんだりなど、家事の一つの工程を担当してもらうのもよいでしょう。そういった手先を使った作業が、脳のよい刺激になります。たとえ、時間がかかったり、うまくできないからといってすぐに取り上げたりせず、部分的に手伝ってもらうなどして、最後までしてもらうことが大事です。「助かったわ、ありがとう！」「やってもらってよかった」といった感謝の言葉を伝えることで自信もつき、精神状態も安定します。

Q

認知症を引き起こすリスクについて教えてください。予防に大切なことはどんなことでしょう。

（北海道　K・T　62歳）

A

国際的に活躍する認知症の専門家で構成されているランセット委員会では、認知症を引き起こす12のリスク要因を特定し、発表しています。

これら12のリスクを取り除くことができれば、認知症の4割は発症を遅らせたり、予防することができると言います。その12の内容は次のとおりです。

教育の不足／難聴／頭のけが
高血圧／過度の飲酒／肥満
喫煙／うつ／運動不足
社会的孤立／大気汚染／糖尿病

特に難聴は、最大の危険因子と言われていて、認知症の予防のためにも、補聴器の使用を含めた治療がすすめられています。喫煙や過度な飲酒はしないようにし、運動の習慣化、地域の行事や趣味のサークルに参加して仲間づくりをするなど、あなた自身でできることを見つけ、リスクを減らすことを心がけてはいかがでしょうか。

Q

最近、もの忘れが気になり始めた母が病院で診察を受けた結果、「軽度認知障害」という診断を受けました。薬での治療は特になく、経過観察ということでした。このまま放っておくのではなく、何か家庭でできることはないでしょうか。

（東京都　S・K　48歳）

A

軽度認知障害とは、正常と認知症の間の状態を指します。認知症への進行を抑制するための対策について、フィンランドで行われた研究結果があります。それに基づいた対策内容を次に紹介します。生活のなかで、できることばかりですので家族のみなさんでぜひ実践してみてください。

①**食事について**……偏りなく、いろいろな食品をとる。特に野菜やくだもの（ビタミンC、E、β-カロチン）、魚（不飽和脂肪酸）を積極的に食べる。

②**運動について**……ウオーキングやジョギングなどの有酸素運動を習慣にする。一日30分の運動習慣を目標に。

③**認知トレーニングについて**……記憶力や集中力、計算力を鍛える。認知機能を鍛えるアプリゲームや数独などのパズルゲームのほか、楽器の演奏や日記を書くことなども効果的。

知っておきたい

介護の知識

要介護者の判断能力が低下したときの財産管理について

監修 村山澄江

むらやま・すみえ／司法書士。民事信託、成年後見の専門家として活動中。共著『今日から成年後見人になりました』（自由国民社）など。

判断力が低下した方の生活基盤の確保や、財産管理を代理する制度として、「成年後見制度」というものがあります。この制度には、「任意後見」と「法定後見」があり、役所や社会福祉協議会も相談窓口になっています。「任意後見」は、高齢者が元気なうちにこそ準備をし、「家族の未来をまるく幸せにする」ことを目的にしたもので、判断能力があるうちに、本人が望む人に、将来の財産管理などの代理人を委任する契約です。任意後見人には原則だれでも指定できます。

身近に頼る人がいない、いわゆる「おひとりさま」は、法律の専門家と任意後見契約をする選択もあります。発効は委任者の判断能力が低下したときからなので、発効することなく終わることもあります。

任意後見より自由がきく仕組みとして徐々に知られてきているのが「家族信託」です。「家族信託」は法律用語ではなく、民事信託の一種で、「投資信託」などの商事信託と区別されています。関心をもたれたら法律の専門家に相談するとよいでしょう。本人（委託者）が元気なうちに、信頼する人（家族など）のなかから財産管理を任せる管理人（受託者）を決めて、信託契約という契約を交わします。

何も対策をせず判断能力が低下したあとの選択肢は「法定

後見」のみです。だれを後見人にするかは家庭裁判所が決定します。家族が選任されるケースもありますが、専門家が選任されるケースも一定の割合であります。もし専門家が後見人に選ばれると毎年最低でも24万円の費用が、原則本人が亡くなるまで生じます。

成年後見や家族信託を検討する以前に、将来のためにいますぐできる対策もあります。次のことは、周囲の人がサポートしやすい環境を整えるのに役立ちます。

①銀行口座やクレジットカードを整理して減らす。
②定期預金を解約して普通預金に。
③各金融機関に代理人届けをする。
④緊急入院などに備えて、少額の預金が入った銀行口座のキャッシュカードを家族と共有しておく。
⑤生命保険を見直し、要介護状態になったとき保険金は下りるか、代理請求や受け取りはスムーズにできるかを確認する。

成年後見制度を利用するまでもないけれど、日常生活でちょっとした支援を受けたい場合には、社会福祉協議会が窓口の日常生活自立支援事業（判断能力がある方限定）を検討してみるのもよいでしょう。

介護COLUMN ❷

義母の言葉と私の思いを綴った「覚え書きノート」

宮内貞美

同居する義母の様子を7年間記録してきた宮内さん。ノートをとることで、介護する日々も自分に与えられた特別な時間だと思えるようになったと言います。その「覚え書きノート」とは——。

義母のこと

愛媛県の松前町に義父が開業した皮膚科診療所を夫と受け継ぎ、現在98歳の義母との二世帯同居を始めて17年になります。私は診療所で事務をしながら、4年ほど前から義母の在宅介護を夫婦でしています。

義母はとても自立した人で71歳で義父と死別したときは、迷わず一人暮らしを選びました。地元の短歌の集まりに参加し、毎月の歌会にも出席するなど、とても幸せで伸びやかな時間を送っていました。

78歳で転倒し、両手首を骨折したときは3カ月入院しましたが、退院後は一人暮らしを再開し、自ら介護保険の手続きをして、週1回、買いものや掃除のサービスを利用していました。同居が始まるとサービスは受けられなくなりましたが、義母はいつも独立独歩。体操など努力を続けましたが、少しずつ足腰が弱くなり、米寿を過ぎたころからは、家事全般のフォローをすることが増えていきました。

枠がないからいいのです

義母90歳のときです。それまでは、一人で通院などの外出をしていた義母に「新しい胃腸科の病院に行くから連れて行ってほしい」と初めて頼まれました。私は、「何だか変わったな……」と思い、ちょっとこのことを書き留めておこうと、手元にあったA５版のノートに記しました。２０１４年8月16日、これが覚え書きノートの始まりです。

私は記録することが好きだったわけではありません。でも、４人の子どもを通算13年幼児生活団（33ページ参照）に通わせたとき、子どもの1週間の様子を書き記して提出する習慣があり、人について、見たことや感じたことを書き残すことは身についていたのだと思います。自分の気持ちの経過も残しておきたいと、義母のことはノートの表側から、兵庫県で一人暮らしをしていた実母のことは、同じノートの裏側から書くようになりました。

覚え書きノートのよさは、枠をつくらないこと。枠に入りきらない思いをノートに書くのです。私は、それが面白いと思います。ノートはいたってふつうのもの。背はリング状になっていて、そのリングに義母と実母の名前を書いた目印をつけ、ふだんは仕事机の本棚に事務書類と一緒に立てています。

「もうダメになってきた」

いま、ノートを読み返すと、いろいろな出来事が鮮明によみがえります。なかでも94歳（２０１８年）３月16日、「私はもう長くない」「もうダメになってきた」との言葉は忘れられません。朝、夫が食事を届けるため階段を下りていたら、壁をドンドン叩く音がして部屋のドアを開けると、義母がベッドとポータブルトイレの間に倒れ、失禁していました。義母は屈辱感などいろいろな思いがあったと思いますが、夫には「もうダメになってきた」、そして私には「もう長くない」と言いました。私たちにとって、初めて本格的に介護を意識したときでした。

少し落ち着いた95歳（2019年）5月26日。義母が何度説明しても同じことをくり返し言うので、夫に「認知症の始まりなのかな。まともじゃないと思う。私の心が壊れそうで気分が悪い」と言ったら、「情報処理能力の低下だよ。認知症だとラベル付けしても何も解決しない」と言われました。夫との感じ方、捉え方のズレはずっと心に引っかかり、老いるとはどういうことか、認知症とは何か、人の本当の姿って何だろうかと考え続けています。同じ現象をみても、人間関係の深さや長さによって感じ方が違うのは当然です。ズレをどう調整、理解しあえるかが課題です。

覚え書きノートには、体調や様子の変化など、何かあったらそのことと一緒に自分の思いや人には言えない感情、ときには穴を掘って埋めたいような気持ちも書きます。時間は決めず、ちょっと書いておこうと思ったらノートを取り出し、少し前のことでも思い出しながら書きます。

たとえば、95歳（2019年）4月24日の義母の様子は、「一日寝てばかりいる。かなり疲れた様子。立てなくて床に転んでいた。前向きに通所を検討したい旨相談」。4月26日「第1回デイサービス。控えめの運動量にと配慮してもらう」。4月30日「デイサービスにて歌会で一緒だった方と出会い、おしゃべりに花が咲く。『楽しかった』との感想。人的な刺激があり、行くのが楽しみになってほしい」といったように、長さも範囲も決めず、同じページに続けて書いていきます。そして、いつだれに会い、どんな話をしたか、いただいた名刺をノートに貼って書きました。

義母は、97歳（2021年）6月11日に大きく体調を崩し、いまは寝たきりの状態です。意思の疎通もできないため、覚え書きノートを書くことはほとんどなくなりました。

人は必ず老いるもの

私は覚え書きノートを書いていたことをずっと夫に言っていませんでした。でも先日、夫に読んで聞かせたら、「そうだったね、そういうこともあった、本当にそのとおりだった」と言って涙して……。寝たきりになってから義母の主治医となった夫は、カルテは書いていますが、言葉や心情は残していません。

介護は持久戦で、落ち着いた日が続く時期もあれば、急にあわただしくなり記憶が飛んでしまう時期もあります。そのようなときもノートを取り出し、いま目の前で起きていることを自分なりに捉え、心を整えるために言葉や気持ちを残してよかったと思いました。

義母の生命に寄り添ってみると、人は必ず老いると強く思わされます。時の流れのなかで、いつの間にか、だれのなかにも老いの変化は現れてきます。ノートをつけてきたことは、自分のための予行演習であったのです。そして、「老い」という変化を冷静に受け止められるようでありたいと願い、その方向を自分なりに覚悟する、貴重な手立てになっているようだと思っています。

覚え書きノートのよいところ

- 様子や容体を記録できる。
- いつだれに会い、何を決めたか記録できる。
- 自分の感情を書くことでストレスをため込まずにすむ。
- 日々起こる変化を感じ取り、客観視することができる。

マンガ

介護のココロ

作：古野崎ちち子

その⑩ 埋蔵金発掘

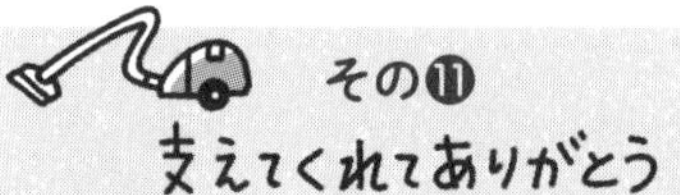

その⑪ 支えてくれてありがとう

第7章

施設での介護のかたち

アンケートより

施設に入ったタイミングやそのときの状況について教えてください

体力的な心配から決断

●106歳の母を、長年、同居で介護していたが、私が腰を痛めたのをきっかけに施設にお願いした。入所前は要介護3で認知症となり、現在は要介護5。介護サービスについては、要介護1でデイサービスを週1回、要介護2で週2回、要介護3でデイサービスを週4回、ショートステイを月10日と、段階を踏みながら、家以外の場所で過ごすことに慣れていけたのは、よかったと思う。

（長野県　K・T　88歳）

●父を施設に入所させるタイミングに長い間、悩みました。親を施設に入れるという罪悪感とまだ自宅での介護でがんばれるのではないかという責任感で決めきれませんでしたが、最後はケアマネジャーさんから「自分が壊れてしまうよ」との助言で決断しました。

（福岡県　T・J　62歳）

●母は「子どもたちの家に行って世話になりたくない、一人暮らしがいい」と強く言っていたが、股関節を骨折して退院後、家事がほとんどできなくなった。近所に住む私は毎日通っていたが、持病もあり、体力がないため、施設に入ってもらうことにした。（鹿児島県　M・E　69歳）

環境や年齢的なこと

●義母と二人の叔母の介護をしている。三人ともサービス付き高齢者住宅に入っている。87歳の義母は要介護2、85歳の叔母は要介護4で、直接の原因となる疾病とケガがあったわけではなく、年齢的な流れで施設に入ることに。もう一人の叔母は78歳で要介護1だが、背骨の圧迫骨折がきっかけとなり、エレベーターのない4階に住んでいたので、転居を兼ねての施設の入所となった。（埼玉県　M・K　57歳）

本人の希望

●義母は要介護になる前から、介護が必要になったら施設入所をすることを希望していて、近くの施設を数カ所見学していた。要介護2になってから、施設入所となった。自ら選んで施設入所したということは家族や親族も納得でき、ときどき様子をみに行くというぐらいの関わりがよいように思う。（神奈川県　S・K　67歳）

施設介護だからこその悩みはありますか

帰りたいと責められて

●認知症の母は、7、8人ほどの家庭的なグループホームの個室で過ごしています。施設に入って間もないころ、「早く家に帰りたいから明日帰る」と言うので、「今日は暑いから涼しくなったら帰ろうね」と私が言ったところ「あなたたちは私が邪魔だからここに入れたんでしょう！」と激しく怒ったことがありました。そうではないんだよと伝えたのですが、かわいそうでたまらない気持ちになりました。

（鹿児島県　M・E　69歳）

コロナ禍で会えない

●施設にいる義母と自由に会えない時期が続き、予約をとってようやく会えましたが、会話が続かなくなっています。声を出すことが億劫（おっくう）になってしまったのでしょうか。認知症が心配で、以前からアルバムや本などを持参して刺激があるように心がけてきましたが、直接会えないときは、手紙を書いて届けるようにしています。

（神奈川県　S・K　67歳）

Q&A

施設選びと入所の悩み

できるだけ満足のいく
施設の選び方などについて、
紹介をしている小嶋勝利さんに
お答えいただきました。

回答
小嶋勝利
こじま・かつとし／ASFON TRUST NETWORK（民間介護施設紹介センターみんかい）常務取締役。主な著書に『誰も書かなかった老人ホーム』（祥伝社新書）『老人ホームのお金と探し方』（日経BP）などがある。

Q

実家で暮らす母親が安心して入居できる有料老人ホームを探しています。後悔しない選び方を教えてください。
（福岡県　K・T　55歳）

A

高齢者の住まいの選び方は、住宅の種類や制度が複雑で、完全に理解するには相当な時間を要します。一目ぼれで決めてしまったり、口コミに惑わされ、あやまった選択をする人も多くいます。各地に無料で入居へのサポートをしている民間の紹介センターができていますので、できれば複数の窓口で実際に相談してみることをおすすめします。

民間の紹介センターは、インターネットで調べるほか、病院の医療連携室、地域包括支援センター、居宅介護支援事業所のケアマネジャー、市町村の高齢者関係窓口などで紹介を受けることができます。そのなかで情報量が多く、地域のホームの違いなどをきちんと説明できるところを選んで相談しましょう。

相談の際に必ず聞かれるのが次の5項目です。

①入居希望の時期（退院後すぐにとか、1年以内になど）

②住みたい場所（自宅近くか、子どもの住まいのそばかなど）

③予算（入居一時金、毎月の費用）

④身体状態（介護度、既往歴など）

⑤ホームへの要望

気になることはあらかじめメモにしておくと、相談の際に役立ちます。

Q

介護付き有料老人ホームで夫婦での入所を希望し、いい施設を探しておりますが、入居にかかる費用をできるだけ抑えたいと思っています。そもそも施設によって費用に差があるのは、どうしてなのでしょうか。

（愛知県　S・T　73歳）

A

一般論として、よい老人ホームは利用料金も高いと理解するべきです。これは、何でも同じ理屈だと思います。有料老人ホームの料金は、立地、築年数、部屋の広さ、そして職員の人員配置数、サービス内容などによって決まります。当然、一般の不動産物件と同じで、駅近新築物件は割高になります。また、人件費が一番大きなコストなので、多くの職員が配置されている有料老人ホームは、その人件費を料金に転嫁するため、割高になります。したがって、入居費用をできるだけ抑えるためには、一般的な不動産価値の低いエリアを探し、さらに、必要最低限の人員配置数で運営をしている有料老人ホームを探すことになります。重要なことは、一般論で「良い」とされていることが、自分自身には「重要ではない」ということであれば、満足ができる割安のホームを探すことができるはずです。

また、有料老人ホームの場合、入居金制度を採用しているホームもあります。この場合、初期償却の金額や償却期間なども事前にしっかりと確認をしておく必要があります。

費用の違いは何の違い?

立地

- 駅に近い
- 閑静な住宅街
- 商店街に近いなど

設備

- 新築か改装型か
- 居室にトイレ、洗面所、キッチン有り
- バリアフリー、防犯、共有スペースの充実度など

サービス

- 多様なレクリエーション
- 病院の送迎
- 充実した食事など

人員

- 介護看護職員の配置数
- 24時間常勤の看護師がいるか
- 機能訓練士(リハビリ)がいるかなど

高齢者の住まいの種類

	公的施設		
コレクティブハウス	軽費老人ホーム／ケアハウス	特別養護老人ホーム（特養）	介護老人保健施設（老健）
数百万円	0〜200万円程度	なし	なし
20万円程度	A型…6〜17万円（収入などによる） B型…食事なしで4〜13万円程度	8〜15万円程度	9〜20万円程度
管理人24時間常駐	緊急ボタンあり	介護を受けながら長く生活する	介護を受けながらリハビリをして、在宅復帰を目指す
嘱託医による検診可能	施設によるが、定期的な受診が可能	看護師日勤帯常勤	医師常勤／看護師日勤帯常勤
幅広い場合が多い	60歳〜	原則65歳〜	原則65歳〜
できないことが多い	施設による	できる	原則3カ月
	軽費老人ホーム／食事の提供A型はあり、B型はなし ケアハウス／軽費老人ホームC型ともいう	基本的には住民票がある各自治体で申込み　要介護3〜5	退院後の中間施設で、利用期間限定　要介護1〜5

		民間施設				
		サービス付き高齢者住宅	介護付き有料老人ホーム	住宅型有料老人ホーム	グループホーム	シニアハウス
費用	入居一時金	0円～ 家賃の数カ月分 （敷金などが必要なケースが多い）	0～ 3000万円程度 （必要なケースが多く、高額なところも）	0～ 数千万円	0～ 100万円程度	数千万円
	月額	15～20万円のほかに、食費、介護保険、医療費、おむつ、上乗せ人件費、雑費あり	20～25万円のほかに、食費、介護保険、医療費、おむつ、上乗せ人件費、雑費あり	20～30万円	15～20万円 程度	10万円程度
見守り		安否確認 （夜間は 外部委託あり）	ホーム職員により 24時間	安否確認 （夜間は 外部委託あり）	医療・看護 スタッフ配置の 義務なし	一般の分譲マンションと同じ位置づけのため、介護・医療の人員配置などの基準なし （介護や医療は外部委託が多い）
看護		訪問看護 （入居者が契約）	常勤または 常駐	訪問看護 （入居者が契約）		
入居年齢		60歳以上もしくは介護認定を受けている60歳未満	大多数が 65歳以上	おおむね 60歳～	原則65歳～	60歳～などの 条件あり
終身利用		施設による	施設による	施設による	施設による	施設による
特徴		比較的、自宅での生活に近いが、介護力は介護付き有料老人ホームよりは低い	必要に応じ、「食事・入浴・排泄」などの介助サービスを受けられる	自立や介護度の低い人の入居率が高く、イベントなどが盛んなところが多い。医療面では施設により差がある	認知症の高齢者を対象とすることが多い	売却や賃貸が 可能

Aさん(未亡人／遺族年金を支給されている)の場合
条件／自宅は売却しない

試算の仕方例

1 年収を記入する

遺族年金	210,000円／2カ月
年金	130,000円／2カ月
計(年6回)	340,000円
月額合計	**170,000円**

① 年収…2,040,000円

2 ホームの費用を算出してみる

室料	60,000円
管理料(光熱費を含む)	70,000円
食費	50,000円
そのほかの諸費用	60,000円
月額合計	**240,000円**

② 年額…2,880,000円

要注意！
ホームに支払う月額が
年金の月額を
超過しています

Q

夫を亡くし、いつかはホームにと考えていますが、ホームにかかる費用をどこから捻出するか悩みどころです。入居費用の試算はどのようにすればよいでしょうか。

(愛知県　M・T　75歳)

A

まず資金面を試算し、入居金や毎月の室料などを払い続けられるかを見極めると、いつ、どのぐらいのところに入所できるのかが、しだいにみえてきます。施設見学の前に、Aさんの例を参考に、資金面の算出をしてみましょう。

Aさんは、遺族年金と年金で生計を立てていて、貯蓄は2000万円、家を手放さずに入居金500万円の有料老人ホームに入居するという計画を立てました。そして、貯蓄と年金収入の年額、入居時の入居金＋毎月の室料を10年払った場合、貯蓄残高はどうなるのかを試算したのが、次の試算表になります。

これらの試算を基準にして、経済的に無理のない施設を選びましょう。

3 いまの住まいの維持費を算出する

基本料金	
電気・水道・ガス	
月額合計	3,700円
年額合計	44,400円
固定資産税ほか	100,000円

③ 年額…144,400円

貯蓄で入居金500万円を払い、いまの住まいを手放さずに10年をホームで過ごした場合

	項目	収入	支出	残高
貯蓄				★20,000,000
初年度	ホーム入居金		5,000,000	15,000,000
	① 年収	2,040,000		17,040,000
	② ホーム年額		2,880,000	14,160,000
	③ いまの住まい維持費年額		144,400	14,015,600
2年目	① 年収	2,040,000		16,055,600
	② ホーム年額＋③ 住まい維持費		3,024,400	13,031,200
9年目	① 年収	2,040,000		9,164,800
	② ホーム年額＋③ 住まい維持費		3,024,400	6,140,400
10年目	① 年収	2,040,000		8,180,400
	② ホーム年額＋③ 住まい維持費		3,024,400	☆5,156,000

収入①と支出（②+③）の差額=984,400円（年間の貯蓄からの持ち出し額）

10年で、9,844,000円が貯蓄からの持ち出しとなるうえ、
入居前貯蓄残高2,000万円 ★ が、
10年後には515万円 ☆（ほぼ4分の1）になってしまいます。

見直しポイント1
入居のタイミングを80歳以上に後ろ倒しして限界まで自宅で生活する

見直しポイント2
いまの住まいを売却し、貯蓄を増やすことを検討する

Q

施設の候補がいくつかあるのですが、選ぶうえで、ホームの経営状況はどうやって判断すればいいですか。

A

経営状態の把握は原則難しく、できることといえば、当該ホームの入居率の確認ぐらいです。つまり、満室のホームは安心、空室が多いホームは心配、ということです。また、いままではたとえ経営破綻をしても、資金力のある別の会社が運営を肩代わりするケースがほとんどでしたが、近年では、法的に整理するケースもあります。つまり、法的に倒産をさせ、債務を削減したうえで再生の可能性を考えるということです。この場合、入居金の未償却部分があると返還までに時間がかかったり、返還金を減額されたりするケースもあります。

Q

自宅を処分して、施設に入る予定です。ホームの自室には、どのくらいの持ちものを持って行けますか。

A

めやすとしては、部屋に持ちこめるくらいです。部屋の大きさは一般的には介護付き有料老人ホームは約11畳、サービス付き高齢者住宅は、浴室やキッチンを除くと約8畳ほどです。持ちこめないものについては、施設の近くに収納スペースを借りて対処する方もいらっしゃいます。

Q 年金で入れる公的な施設としてケアハウスを候補にしています。入るための条件などを教えてください。

A

ケアハウスは、経費老人ホームC型とも呼ばれます。一般型は60歳以上、介護型は65歳以上で要介護1以上が対象で、自立に不安、かつ家族などの援助が困難といった条件を満たした方が食事や生活援助などのサービスを受けられる施設です。助成があり、費用負担が比較的軽いのが特徴です。

ケアハウスに入る場合、希望者は各施設に入居申込書を提出し、施設の職員などが要介護度や介護の必要性、収入額や資産などを総合的にみて、入居の判定を行います。特に介護型は数が限られ、入居待ちになることが多いようです。基本利用料は利用者の前年度の収入（年金、財産収入など）から税金、医療費、社会保険料などを差し引いた額に応じて変動します。

各地域に理念や志をもって運営されている個性的なケアハウスがあります。入所の難易度は高めですが、ぜひ調べて見学されてみてはいかがでしょうか。

Q 持病がある場合、職員の方に、通院につきそってもらえるのでしょうか。

A

その病院が契約病院（協力医療機関）であれば、職員がサービスでつきそう、有料、外部サービスを利用などのケースがあります。家族がつきそえない場合は、送迎をしている施設を検討することをおすすめします。

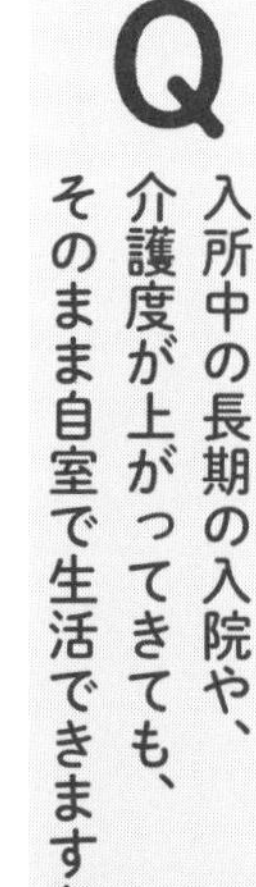

Q 入所中の長期の入院や、介護度が上がってきても、そのまま自室で生活できますか。

A

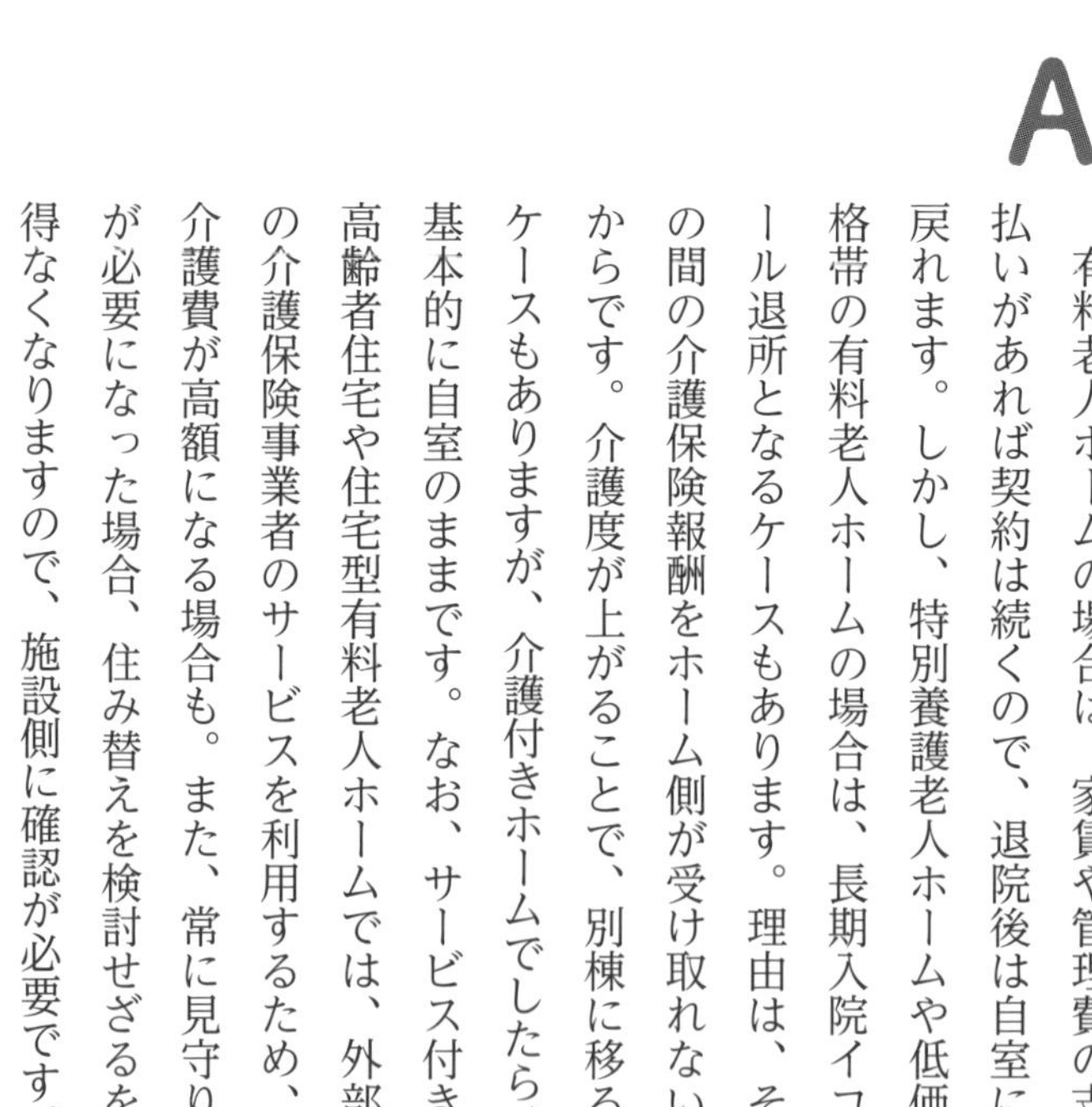

有料老人ホームの場合は、家賃や管理費の支払いがあれば契約は続くので、退院後は自室に戻れます。しかし、特別養護老人ホームや低価格帯の有料老人ホームの場合は、長期入院イコール退所となるケースもあります。理由は、その間の介護保険報酬をホーム側が受け取れないからです。介護度が上がることで、別棟に移るケースもありますが、介護付きホームでしたら、基本的に自室のままです。なお、サービス付き高齢者住宅や住宅型有料老人ホームでは、外部の介護保険事業者のサービスを利用するため、介護費が高額になる場合も。また、常に見守りが必要になった場合、住み替えを検討せざるを得なくなりますので、施設側に確認が必要です。

Q 有料老人ホームでは、終身利用ができるとなっていますが、本当に看取りまでしていただけるのでしょうか。

A 実際に看取りはホームの主治医、ご家族の希望や本人の状態を考慮したうえで相談が必要です。本人や家族が延命治療を希望する場合、看護師や介護スタッフでは対処できない症状がある場合は、病院に入院することになり、ホームでの看取りは難しくなるということも考えられます。

病気を治すことが目的の病院とは違い、ホームは最期まで家庭のように自分らしく生きる場所です。家族や本人がどのようなかたちで最期を迎えたいと望んでいるか、施設担当者に考えや想いを伝えておくことが重要となります。

Q 施設の見学時に必ずチェックしておいたほうがよいことはありますか。自分ではチェック項目がわかりません。

A 見学の際、ぜひチェックしてほしい項目は175ページからの内容になります。これだけはどうしても聞きたい、確認したいということは、リストに加え、聞き漏らさないように見学に行きましょう。

すべてが自分の理想に届かなくても、自分にとって大事な「これだけは」という項目はどういったことなのかを、しっかり把握することが大切です。そして、その施設の気に入った点をできるだけ大切にするというおおらかな気持ちをもつことも、施設選びには大事なのではないでしょうか。

入浴

- □ 週何回、どの時間帯に利用できるか
- □ 浴室の数、設備、清潔か（機械浴の有無）
- □ 介助や見守りが同性スタッフか

食事

- □ 館内厨房での調理か、外部委託か、メニューは選べるか、試食できるか
- □ 食事中の介助、治療食、特別食の配慮
- □ 食堂の雰囲気、着席は入居者の自由か、施設主導か（席替えなど）
- □ 食器は陶器か、メラミンか
- □ 居室でとる場合、別費用が発生するか

入居者・スタッフ

- □ 入居者が明るく、生き生きとしているか（服装のみだれなどがないか?）
- □ スタッフはきちんとした言葉づかいで質問に答えられるか
- □ 人員配置の比率は
  入居者　　　　　　　対　スタッフ

その他

- □ 日用品（ティッシュやトイレットペーパーなど）の注文を施設でしているか
- □ 病院のつきそいを頼めるか（費用の有無）
- □ 一時的な入院などの場合にも室料の月払いがあるか
- □ 施設の理念などが自分に合っているか
- □ お試し入居はできるか
- □ 入居希望の待機者がいるか
- □ 新聞や雑誌の個人購読、郵便物の受け取りは可能か
- □ 郵便や荷物を出したい場合、頼めるか
- □ 終身利用が可能か（末期の看取り）
- □ 認知症が進行したり、介護度が上がった場合、別室（棟）への移動があるか
- □ 館内に理美容室があるか
- □ リハビリはいつ、どんなかたちで行われるか
- □ 面会や訪問者の制限（親族は可、登録制など）
- □ --
- □ --
- □ --

＊ほかに聞きたいことがあれば、書き加えて見学予約をしましょう。
拡大コピーをしてお使いください。

ホーム見学チェックリスト

見学時に「必ず聞きたい」項目に✓を入れ、□に見学した結果を○×で記入しましょう。

年　　月　　日(　　)　　時　～　　時

●施設名

●施設案内者　　●見学同行者

費用

入居金　　円　／月額　　円

周辺環境

□ 交通の便はよいか
□ 自然(公園など)、スーパーや金融機関、郵便局、コンビニが近いか
□ 医療機関は近いか

建物

□ 静かすぎたり冷たい感じはないか
□ 清掃が行き届いているか
□ 共有場所の雰囲気や使用状況、掲示物など（テレビ鑑賞、歓談、教室の開催）
□ 手すりやロープが設置されているか
□ 防火や耐震、災害時訓練、備蓄品はあるか

居室

□ 部屋の広さ、日当たり、風通し
□ 持ちこめる私物の量はどれくらいか
□ 持ちこみ禁止のものがあるか（鉢植えやペットなど）
□ 備え付けの備品について（ベッド、カーテンほか）
□ 貴重品の管理はどうする？
□ トイレ、洗面台の有無（施設によってはミニキッチン、お風呂も）
□ 緊急ボタンの有無
□ 個人の冷蔵庫が置けるか（置いた場合、職員チェックの有無は？）
□ 居室入り口に鍵の有無（ある場合、施設がマスターキーを管理しているか）
□ ベランダの有無（あれば鉢植えなど置けるか？）

マンガ

介護のココロ

作：古野崎ちち子

その⑫ 車いす奪い合い事件

その⑬ 愛されますように

第8章

介護の日々のなかで

どう解決する？ 介護のもやもやとの向き合い方

介護をする日々のなかで心にふとわき上がる感情。不安だったり、悲しみだったり、怒りだったり……。そうした介護のもやもやとの向き合い方について、介護の現場を熟知している結城康博さん（淑徳大学総合福祉学部教授）にヒントをいただきました。

もやもや1 自分に何かあったらという不安

●コロナ禍になり改めて感じたことは、私が倒れたらどうしようということ。いま介護の態勢は整っているが、それでも日々の身体的な介護もあり、ショートステイやデイサービスに行くにしても準備をする必要がある。投薬や資産の管理も私一人が把握しているので、私が倒れたらどうなるのかと思う。

（埼玉県　T・Y　59歳）

●同居中の母は自宅で過ごしたいとの思いが強く、デイサービス、ショートステイなども利用していないため、長時間留守にすることが困難。老老介護の状況で私も最近、突発性難聴になり、病院通いをしたこともあり、体調も心配。私が寝こんだら……と心配になってしまう。

（岐阜県　A・M　66歳）

結城'S
アドバイス

上手な手抜きを覚えましょう

介護で疲れ果てて、倒れてしまう前に「手抜きをすること」です。

お一人で介護をされている方、男性の介護者にも多いのですが、自分で介護のマニュアルをつくったりして、介護にのめりこむ方がいらっしゃいます。でも、一生懸命介護するほど、長続きしません。介護は長いのです。

むしろ、「自分がいなくても何とかなる」ぐらいに考えましょう。もっとプロに任せたほうが要介護者にとって快適な介護が受けられるのでは？　そう思われるケースもたくさんみてきました。

つまり「自分がやらないほうがうまくいく場合もある」と、考え方を変えてみるのです。言葉がきついかもしれませんが、自分の居場所や存在意義を介護に求めてはいないでしょうか。自分自身を大切に。手放すことも考えてみてください。

いちばん大事なのはあなた自身が疲れないようにすることです。体調が悪いときは、すぐにショートステイなどを利用し、その間、あなたの心と体を休めましょう。自分のために外部のサービスを使うことが、要介護者のためにもなります。

もやもや2

終わりがない、出口がない状態

●いつかは終わる介護生活だけど、そのいつかがわからない。それを思ってはいけないと思うが、正直、自分の時間がもっとほしいと思うことがある。終わりがみえないことを続けることは、精神的につらいときが多い。

（愛知県　O・K　54歳）

●認知症の妻と二人暮らし。私自身の自由に使える時間が少なくなり、家庭のムードが暗くなり、笑いがなくなっている。いまの状態がこの先どのように変化していくのか、出口はあるのかがよく見通せない。私自身がうつ病になりそうな不安を感じる。

（香川県　S・C　84歳）

●自宅で看取ることを望み、在宅介護をしていますが、平日も休日もありません。常にそばについていています。私も年なので、いつまで介護できるか不安になります。

（福井県　Y・A　82歳）

●常に頭の中に要介護者の存在があり、実際に手をかけ、目をかけていなくても、介護しているような状態ではないかと考えます。

（長野県　O・M　70歳）

結城'S
アドバイス

出口はないからこそ、気分転換を

はっきり申し上げます。介護に出口はありません。出口がないからこそ、介護者は、うまくリフレッシュしながら介護を続けていくしかありません。

週1回は、趣味の時間をつくったり、家族介護の会に参加したりして気持ちを吐き出し、気分転換をしてはどうでしょうか。

また、ずっと在宅介護をして心身ともに疲れきってしまうのであれば、在宅から施設介護にかたちを変えてみるのもよいと思います。そして、週2回は面会に行く、食事のときに介助に行く、1カ月に1回は1泊2日で家に戻すといったかたちで、施設と在宅をうまく組み合わせてみてはどうでしょう。入所のときに、「定期的に食事介助に来たいのでお願いします」というように伝えれば、施設もそのように、スケジュールを組んでくれます。

常に介護のような状態で、リラックスできる時間がないというのも非常に危険です。ストレスが積もることで虐待につながり、加害者になってしまいます。そうなる前に、施設を考えたほうがいいと思います。施設に預けたら今生の別れというわけではありません。施設に入っていても、自分ができる介護はあります。施設の雰囲気もわかりますし、施設に通ってご家族の様子をみてはどうでしょう。

もやもや3

認知症の対応に自信がありません。やさしくなれません

●認知症の母。自己中心的な発言や思いこみによる発言があり、指摘すると怒り出し、喧嘩になります。もっとやさしく対応したいと思うけれど、ついきつい言葉を言ってしまう自分がいます。ストレスや疲れもあってやさしくなれません。

（広島県　M・K　64歳）

●認知症の本人が何をわかっていて、何をわかっていないかが私にはわからない。プライドを傷つけていないか、機嫌はどうか、体調はどうなのか。いつも気をつけていないといけない状況。

（福岡県　T・J　62歳）

●夫を在宅で介護していたが、徐々に認知症が進み、意味のわからない言葉や行動があり、私は対応できず、困っているばかりでした。だれ一人わかってくれず、自分で自分をなぐさめるような毎日でした。

（新潟県　A・Y　82歳）

結城'S
アドバイス

いらいらしてしまっても認知症のせいだと思うことです

ご自身が悪いのではありません。「認知症が悪い、認知症のせいだ」と思うことです。認知症の周辺症状には、当事者に合わせた対応をするということが大事になってきます。

たとえば、家にいるのに「家に帰る」と言ったら、「では帰りましょうか」と受け入れ、一緒に外に出て、つきあう余裕が必要です。その時間は、まるで自分が俳優になったようなつもりで、演技に徹することです。

ここで、「帰ってはダメ」と強く言ったとしても、当事者にしてみれば、見知らぬ人間に帰るなと部屋に閉じこめられた状況と同じです。

それはだれにとっても不安であり、恐怖を感じることです。

つきあう、演技をするといった対応がうまくできず疲れてしまったら、一度、距離をとるようにしてショートステイをお願いするなど、プロの手を借りることをおすすめします。

もやもや4

介護の方向性がまとまりません

●本人に介護が必要になったときの少し先の相談をしたいのですが「考えたくない」と現実を受け入れることが難しい状況でした。話の仕方で悩み、本人が介護認定を受ける気になるまでに時間がかかりました。

（群馬県　S・M　61歳）

●義父が私たちと同居をしたがらないことに困った。一日ごとに年をとっていくので、義父の一人暮らしは猛暑の時期や厳寒の日の入浴など心配だった。

（岩手県　S・S　54歳）

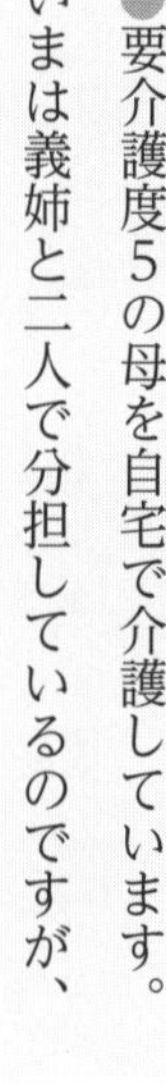

●要介護度5の母を自宅で介護しています。いまは義姉と二人で分担しているのですが、私たちが体調を崩したらどうするのか、考えておかねばと思います。母は在宅を願っているので施設への入所は難しく、説得は容易ではないと思っています。

（愛媛県　I・K　73歳）

結城'S
アドバイス

ご本人の意思を尊重できる介護を模索しましょう

家族がどう説得しても「まだまだ元気だから介護認定は必要ない」の一点張りの場合は、かかりつけ医から「介護認定を受けたほうがいい」と話してもらうとよいでしょう。

また、ご本人が住み慣れた家での介護を希望されているケースですが、一人暮らしでも要介護5であっても、できるだけ在宅で介護をすることはできます。

不自由ではありますが、さまざまな介護サービスを組み合わせれば、できないことはありません。たとえヘルパーが来ない時間帯は不自由でも、それでも家のほうが気楽だという方もいらっしゃいます。

I・Kさんのお母さんの場合も、自宅に一人でいる不自由さと、施設に入る不自由さの両面を十分に考慮してご本人が家にいる不自由さのほうがいいとなったら、その思いを尊重してはどうでしょうか。在宅でという強い思いのあるご本人にとっては、施設にいるほうがストレスになってしまいます。家で無理なく介護できる方法を検討し、一度、その方向性で進めてみてはどうでしょうか。

もやもや5

介護サービスについて悩んでいます

●母はデイサービスに行くのがきらいでよく休むため、施設から「このまま休みが多いと介護拒否とみなして、やめてもらうことになります」と言われている。行きたくない日もある母の気持ちもわかるし、かといってデイサービスをやめると、人と関わることも出かけることもなくなるので、認知症が進んでしまうのではと心配になっている。（山口県　U・R　61歳）

●92歳になる義父が自宅からほぼ出なくなり、デイサービスに行く気がないし、宅配弁当も飽きていやがるし、入浴サービスもやっとのことで説得。他人が家に入るのをきらうので、一つひとつケアマネジャーさんと説得しながらやっている。（山口県　K・K　57歳）

●アルツハイマー型認知症の両親の介護をしている。春と秋にショートステイをしてもらい、両親のいろいろな用事をこなしている。安心して過ごさせてくれるのでありがたいのだが、帰宅後は自分で食べることや洋服の脱ぎ着など、できにくくなっていることが多く、日常に戻るのにやや時間がかかる。「いまできることをできるだけ維持したい」望みと、「ショートステイがあるから用事が足せている」という感謝の気持ちがあり、折り合いのつけ方が難しい。（北海道　H・E　60歳）

結城'S
アドバイス

優先すべきは「支えられ上手になること」です

いま、通っているデイサービスが合わない場合は、別の場所を検討してはどうでしょうか。無理に行かせてしまうと余計に感情をこじらせてしまうと思います。

集団で過ごすデイサービスそのものがいやな場合や、内容が面白くないからいやという方もいます。一方で、家にヘルパーが入るのも、面倒でいやがる方もいます。大変ではありますが説得を続けながら原因を突き止め、本人が納得するような通所サービスをケアマネジャーさんと相談しながら決めていくようにしましょう。

ショートステイについてですが、確かに着替えでも何でもやってもらえるので、いざ家に帰ると身体の機能が低下してしまって、できたことができなくなってしまうという話はよく聞きます。でもそうしたことは家庭内での話題や胸の内に留めておきましょう。施設側に伝えるのは、職員の心象を悪くし、厄介な利用者と思われかねません。

介護サービスを上手に利用するためには、「支えられ上手になる」ということをぜひ優先させてください。

もやもや6

遠距離介護ならではの悩み

●要支援1の母。1週間に1、2回電話をし、隔週に一度、買いものなどに一緒に行くようにしている。離れているので、急に体調が悪くなり動けなくなったとき、すぐ駆けつけられないことが不安。

（愛知県　Y・M　65歳）

●母がお世話になっているグループホームに月に一度、通っています。母がいる長野と私が住む群馬とで、高速道路を利用しても車で片道1時間40分かかります。電話をもらってもすぐに駆けつけられないのと、自分が交通事故を起こさないか心配です。

（群馬県　H・K　57歳）

●実家は車で3時間のところと離れているため、母の日常の生活の様子が把握できない。地方によって介護認定や介護サービスの提供などにシステムの違いがあったので手続きに戸惑った。

（兵庫県　S・Y　54歳）

結城'S アドバイス

地域の人に支えてもらいましょう

遠距離介護の鉄則は、地域の人に支えてもらうことです。

実家に帰った際には、お隣さんや町内の方々に菓子折りなどの心遣いをして挨拶に行き、自分の緊急連絡先を伝えておきましょう。

万が一のことが起こったときにあわてて行かないでもすむように、地域で頼れる人や地元の友人などの連絡先も確認しておき、緊急時に連絡できるようにしておくことです。そして、くれぐれも安全に気をつけて向かっていただければと思います。

また、S・Yさんのお悩みにあるように、地方によってサービス提供などにシステムの違いがあります。自治体で提供している介護サービスの内容にも違いがありますので、どんな介護サービスがあるのか、自治体のホームページから検索し、上手に活用してみてはどうでしょうか。

もやもや7

きょうだいとの考えにズレが……

●6年たった空き家の問題（家財、仏壇、母の着替え、維持費）など、弟との話し合いがうまくいかない。

（秋田県　K・Y　63歳）

●兄夫婦と同居していた母を施設に入所させるとき、費用の安い施設に入れたい兄と、デイケアに通ってい た老人施設に入れたい私と弟で意見が分かれ、決定権はだれにあるのかわからず大変だった。

（福岡県　O・F　71歳）

結城'S アドバイス

親が元気なうちに、集まる機会を逃さずに

空き家になった実家は壊すのにもお金がかかりますし、弟さんと話し合わないことには進まないので、難しい問題ですね。

こうした空き家の問題や親の介護の方向性については、トラブルに発展する前、つまり、親が元気なうちに在宅なのか施設介護なのか、空き家になった実家をきょうだいでどうしていくのかを話し合っておくことが大事です。お盆やお正月など、親族が集まる機会があったら、その機会を逃さず、ぜひ話し合っておきましょう。お金や相続の問題についても親が元気なうちから相談しておかないとあとあと、トラブルの原因になります。

もやもや8

元気のない夫。どんな会話がいいのでしょう

●夫は数年前に脳梗塞に。いまは手足も動かせ、何でもできるのですが、心が病人になりきっているようで寂しい顔をしていることが多いです。昨日ははっきり話せたのに今日は口を開こうとしないなど、毎日の様子が変わることに心が痛みます。日々どんな会話で心をほぐしてあげられるのか、そんな心のありようが知りたいです。

（静岡県　A・T　80歳）

結城'S アドバイス

思い出話をしながらゆったりした時間を

あまり無理をせずに、自然な会話がいちばんかと思います。昔話をしてみたり、ご夫婦の共通の話題を出したりしてみてはどうでしょうか。アルバムを開きながら、旅行した思い出などを語るのもよいと思います。また、食事やお茶の時間に好物のものを用意して、ご夫婦でゆっくりした時間を過ごされるとよいのではないでしょうか。

アンケートより

わたしのもやもや解消法

介護でストレスがたまったときに救ってくれたこと、これをしていてよかったと思うことは何ですか。みなさんのもやもや解消法を集めました。

趣味を続けていてよかった

●趣味の二胡（にこ）で友人とグループを組んで、母が入っている施設に演奏に行っていました。また、夫の趣味のマジックと二胡の演奏で施設を訪問することも。介護者が無理をしない。常に気分転換してリフレッシュをする。プロの力を借りる。一人で抱えこまないようにする。そのおかげで、わたしも母にやさしく接することができたように思います。

（大阪府　M・M　72歳）

●趣味の習い事（箏曲（そうきょく））をやめずに続けてきたのがよかったと思う。家での練習も気分転換になるし、演奏会など仲間とつくりあげる喜びも味わえ、仲間がいることで、介護だけの生活にならなくてよかった。

（大阪府　H・T　69歳）

心配しないこと

●介護をするうえで、できるだけ心配はしないことにしています。気になることは、主治医に必ず尋ねるようにすると、どんなに些細なことについてでもそれで安心することができています。ジムに通い、毎日ウオーキングして、自分の体力づくりも欠かさないように

しています。

（大分県　O・H　74歳）

介護の記録に助けられ……

●介護日記をつけていました。いやなこと苦しいことなど、口にするとつらくなるので、文字にして発散するようにしました。あとで見返すと、こんなこともあったけど、よく乗り越えた、がんばったと自分を認めることができました。

（兵庫県　S・Y　54歳）

●私一人で義母の世話をしていてストレスがたまることもありましたが、ちょっとした出来事をノートに書くことで、頭の整理にもなり、気持ちも整理できたように思います。

（神奈川県　M・Y　67歳）

介護経験のある仲間の支えで

●介護の経験のある仲間に現状を聞いてもらえることで心がすっきりし、精神的、肉体的にもつらいときに乗り越えられた。同じ認知症の親をもつ人のアドバイスも参考になった。

（愛知県　O・K　54歳）

電話やLINEでつながる

●息子や家族のみんな、兄弟姉妹や友人知人などと、LINEやメール、電話など、いろいろなツールを使って意思疎通を図れていた。どんなに大変な状況になっても孤立することはなかった。

（東京都　F・T　78歳）

●親戚から孫、義母の子どもと嫁のグループLINEをつくり、連絡事項を共有している。スケジュール表をつくり、だれがいつ行くか、その日の予定、電話の当番などをLINEで送り、共有している。

（福岡県　K・M　58歳）

介護COLUMN ❸

介護福祉士でも家族の介護は迷いが多かった

富村 礼

東京都世田谷区で介護福祉士として働く富村さん。姑と実母の介護も経験し、専門職と在宅介護者の両方の視点からアドバイスをいただきます。

「お掃除のおばさん」と呼ばれたことも

私は40代のときに介護の仕事を始め、22年目になります。仕事を始めたのは介護保険制度ができた翌年。そのころは、「お掃除のおばさん」とか「人のお下の世話をするなんて」とよく言われました。けれど、介護保険法の5年ごとの改正で仕事内容が整理されたことや、以前より介護保険サービスを利用する方が増えたことなどから、だんだんに認められる仕事になってきたと感じます。10年前、国家資格である介護福祉士を取得してからは、知識や技術を求められることが増え、専門職として、一人ひとり異なるケアプランの計画に沿ったサービスを的確に行えるように努めています。

現在は365日対応の巡回型訪問介護の事業所に属し、一日平均8～12軒を訪問。おむつ交換、水分補給、食事介助、口腔ケア、清拭などの身体介護のほかに、買いもの、調理、掃除などの生活援助をすることもあります。

プロの助けが欠かせない

5年前に亡くなった私の母は、パーキンソ

ン病と診断されてから認知症も進行し、私が住む家の1階で訪問介護などのサービスを利用しながら暮らしていました。足腰が丈夫だった母は、徘徊を何回か繰り返したので外から鍵をかけていましたが、ある日、鍵をかけ忘れたわが家の玄関から出てしまい、3日間行方不明に。「せたがやはいかいSOSネットワーク」や警察に捜索願いを出しましたが、何の手がかりもありませんでした。姪たちが捜索願いのチラシをつくってLINEで拡散したり、警察官になった子どもの後輩が探しに行ってくれました。母は多摩川で倒れているところを釣り人に発見され、大騒ぎになっていたそうです。「おかあちゃま」と愛称で呼ばれると意識が戻り、すぐに緊急搬送されました。病院からは、無理な延命治療をしない看取りと診断されて退院しました。

亡くなるまで過ごした自宅での1年間は、穏やかに過ごせるよう、飲みこみやすい食事をつくったり栄養にも気をつけましたが、訪問医療の先生、看護師、同僚の介護士や訪問入浴をしてくださった方など、同じプロの方の助けはとても大きかったと感じています。

ストレスが多い家族の介護

介護の仕事は、ケアプランに沿って的確に冷静に行えばよいのですが、家族の場合は24時間ですからストレスがたまります。そして、たくさんのお宅を訪問してきて思うのは、費用の問題。サービスを受けるにしても、年金の範囲内でやっていかれるのか、貯金を崩すのか、足りない分はだれが補うのか……など、常に経済が絡んできます。

また、きょうだい関係の問題は避けては通れないことでした。それぞれ家族に対する思いが違い、自分自身の家族のことや仕事など

※レスパイト入院とは、息抜き・休息という意味で、介護者の事情により、一時的に在宅介護が困難になったときに短期間の入院をすること。

生活があるので、おたがいの気持ちを合わせられないこともありました。また、主介護者の立場であった私は、点滴をいつ外すかといった医療の方針も決断しなければいけませんでした。母の延命治療をどうするか一人で決めたときは、とても孤独でした。

家庭に違う風を入れること

ご自宅で介護をしている方にはぜひ、転倒リスクがあり、血圧が高くて入れないなど判断が難しいお風呂はプロに任せることをすすめます。訪問入浴を頼む、あるいはデイサービスに行ったとき、入浴サービスを利用するのもよいでしょう。

介護は一生懸命しても、何をしていても後悔は残ります。それでも「自分なりにやった」「親孝行できた」「家族のためにできた」という達成感をもってほしい。そのためには、「こうあるべき」ではなく、自分のできる範囲で自分なりにする。仕事を優先することがあっても仕方ありません。大切なのは、介護している人の生活を守ること。まわりの協力が得られないときは、介護保険サービスを利用してください。些細なことでも困ったときは、地域包括支援センターに相談しましょう。なかには自分一人で介護することが生きがいのようにがんばる方もいらっしゃいますが、体調を崩さないためにも、介護してもらっている方の気分転換のためにも、ときどきは介護を手放し、デイサービスやショートステイ、レスパイト入院※の利用をおすすめします。

介護のストレスは、他人に聞いてもらうとふっと軽くなることがあります。介護士が訪問するだけでも違う風が入ります。他人だからこそ話ができる。介護福祉士として、そういう関係を大切にしていきたいと思います。

介護福祉士・富村さんの

在宅介護のアドバイス

衣

- 洋服や下着は、着脱しやすいよう少し大きめのサイズにする。
- ボタンは大きいものにして、できる人には自分ではめてもらう。
- 女性はスカートではなくズボンを着用すると冷えを防ぎ、介護する人がベルト部分を持って介助しやすくなる。

食

- 朝昼晩の食事で生活リズムをつくる。
- 配食弁当やレトルトの介護食を利用してみるのもよい。
- 介護用以外にもドリンクゼリーは多種類あるので水分補給のために利用するとよい。
- 誤嚥でいちばん怖いのは水。嚥下の力がなくなってきたら水やお茶にもとろみをつける。

住

- なるべく段差を避ける。
- ベッド脇などの床に置く据え置き型の手すり、天井から床まで突っ張り棒のように立ててつかまる手すりポールなどを利用して移動しやすくするとよい。

家計

- 医療保険、介護保険の自己負担割合がどのくらいか把握する。
- 生活費、介護費にいくらまで使えるか把握する。
- 不足部分は預金を使うかだれが負担するか話し合っておくとよい。

風呂・トイレ

- 入浴はデイサービスや訪問入浴などプロに任せるとよい。
- トイレにウォッシュレット機能がなかったりポータブルトイレを利用している場合、便をうまく拭けなかったときなど500㎖のペットボトルのキャップに3、4カ所穴をあけ、ぬるま湯を入れて洗い流すと尿路感染予防になる。

その他

- 介護している人のストレスを減らすためにもデイサービスやショートステイを上手に利用する。
- 「できなくなってきたこと」「新たに服用することになった薬」「排便があった日・回数・状態」を記録し、月ごとにまとめておくとケアマネジャーや主治医に相談する際にとても有効。
- 適度な運動とストレッチで体力を維持する。

マンガ

介護のココロ

作：古野崎ちち子

その⑭ 楽しい時間のあとに

エピローグ

介護について思うこと

介護の経験は、あなたにとって
どういう意味をもちますか。
看取りを終えて、いまどのような気持ちでいますか。
みなさんの思いを集めました。

アンケートより

介護について思うこと

義父母の介護に関わることで、年をとるとはこういうことかと体感、実感しました。長生きすることに対して、ときどき暗い気持ちになることもありますが、自分のことを重ね合わせて老い方をシミュレーションすることもできました。そして、介護する人の気持ちをより理解できるようになったと思います。介護、また、介護に関わる人との交わりを通して、人の気持ちがよりわかるようになりました。

（福岡県　K・M　58歳）

母は75歳でパーキンソン病と診断され、80歳のとき上半身をやけどして入院。その後、大腿骨骨折をして施設に入所しました。8年くらいかけてだんだんと症状が進み、いまは私が仕事を辞め、家でみています。母は何も話せなくなりましたが、穏やかに眠る赤ちゃんがいるような気持ちです。「介護は親が命がけでしてくれる最後の子育て」と聞きました。私もそれに応えていきたいと思っています。

（香川県　M・K　69歳）

介護職員が60万人不足しているという記事を新聞で読みました。介護関係者の報酬が少なくて応募者が増えないなど、ますます高齢社会になっていくのに不安です。みなが問題点、改良点を自分のこととして考え、関わっていきたいです。自宅を開放されてのグループホーム、近辺のボランティアに助けられている施設など頼もしい働きもあります。支え合っていきたいです。

（京都府　K・K　78歳）

地域のなかでできる限り暮らしたいと思います。また、家の中に引きこもらず外に出て行き、おしゃべりをたくさんすることで介護の期間が先延ばしになると思います。一人で介護をがんばるのではなく、介護の知識やサービスの情報を集め、人との交流を大切にしたいと思います。

（福岡県　U・S　73歳）

私は小学校5年まで母が祖母の世話をしている様子や態度をみ続け、少しでも母を助けたいと思っていました。亡くなった母、現在の夫の介護にスムーズに関われたのは、この経験や思いが基になっていると思います。

（福岡県　T・Y　78歳）

介護とは、その人らしく自立して生活ができるように支援をしていくことだと思います。老いは、みんなに平等にやってきます。子どもたちには、みなそれぞれ自分たちの生活があります。介護をしてもらうことが当たり前ではなく、手を貸してもらうことを感謝できるように若いときからの家族関係や老後資金の準備など、心がけが必要だと思います。

（東京都　T・R　65歳）

35年ほど前、姑を6〜7年介護しました。そのときの姑の言葉が忘れられません。いつもいつも、「ありがとうございやした。お世話になりやした」と。私も姑の年齢に近づき「ありがとうございました。お世話になりました」とまわりの方々に言いながら逝きたいものと思います。

（福島県　M・K　80歳）

どの人も一人の人間としての尊厳をもち、その人らしさを大切に最期まで人生を全うするにはどうしたらよいでしょう。みんなで介護、支え合って介護という考えが、より広がりますように。

（岐阜県　T・N　56歳）

いま介護している人も、いつかは必ず介護される側になります。どなたかのお世話にならずに消えることはできません。そこに気づくことができれば、いまより少し穏やかに介護に当たれるのではないかと思います。

（大阪府　S・K　77歳）

現在107歳の義父のひ孫が、高校生で進路に迷っていたとき、「ひいじいさん、何歳?」との質問。「105歳だよ。長いこと生きてきたね。貧しさや戦争を通り抜けてきたね」とスマホメールで返信すると、「ひいじいさん、カッコイイなあ」の返信が。義父とキャッチボールしたり、焼きいも会をしたり、カエルやバッタを捕まえたりした日々を胸に「カッコイイ」という現代風な表現で伝えてくれました。いまは何も生み出さない義父ですが、存在していることが孫のなかに何かを残しているのだと思いました。その何かが、いつの日か孫が花開く原動力になってくれることを願って、バアバは介護をがんばります。

（長野県　O・M　70歳）

東日本大震災直後、神奈川県で暮らしていた両親を福井県のわが家に連れてきた。母が認知症、父が歩行困難になり、それまでは毎月福井から通っていたが、よい機会だった。父はその後寝たきりになり、在宅介護で使えるサービスはすべて利用し、自宅で娘、孫、ひ孫が見守るなか息を引き取った。父のおむつ替えのとき、ひ孫の保育園児が父の体を支えるなどして手伝うことも。在宅介護、在宅看取りをしてよかったと思っている。

（福井県　A・S　73歳）

看取りを終えて

父や母と次々同居することになり、私の子どもたちはもちろん孫たちにも人が老いていく様子、弱い立場の人にどう接するのがよいか、考える機会を与えられたことはとてもよかった。幼いひ孫たちと接するときの父や母のうれしそうな様子に心が和んだ。母は場所も人も認識できない状態だったが、まわりからやさしくされていると落ち着いていて、かわいいおばあちゃんになっていた。

（神奈川県　I・Y　73歳）

在宅医療、介護サービスの充実があり、友人の支え、娘が元看護師であり、自分が元気であったことで夫の介護は乗りきれた。私たちに関わってくださったすべての方々に感謝している。在宅医療で関わってくれた医師が、「ぼくもSさん（夫）みたいに死にたいよ」と言ってくれた。本当にうれしかった。夫は余命1～2カ月の宣告だったが、1年も生きられ、ちゃんとお別れができたと思う。

（神奈川県　S・S　79歳）

自分が元気でいるために

私自身、「老化は足から」と若いときに教えられ、とくに足を鍛えていたことで、それがいま役に立っています。

（愛媛県　Y・S　88歳）

ジムに通う、毎日ウオーキングなど、体力づくりをしてきてよかったです。友の会で食事の栄養バランスなどの勉強に励むほか、血糖値の上昇を食べ方で抑えるなど、老いに備えてできることはたくさんあります。

（大分県　O・H　74歳）

いままで何十年という長い間、夫と一緒に（ときには近所の人も参加して）わが家の庭でラジオ体操をしています。夫は動けなくなったいまでも6時半のラジオ体操の時間には起きて、私が体操するのを眺めたり、少し手足を動かしたりしています。長年の習慣というのは本当にありがたいと思います。

（静岡県　M・K　86歳）

マンガ

とっておきエピソード

介護のココロ

作：古野崎ちち子

その⑮

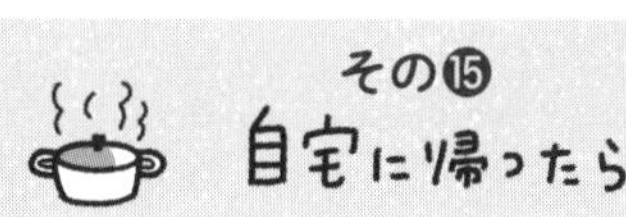

自宅に帰ったら

アンケートにお答えいただいた、130人の方たちのこと

本アンケートは2021年7月に実施。
名前入りの記事以外は当時の年齢を記載しています。

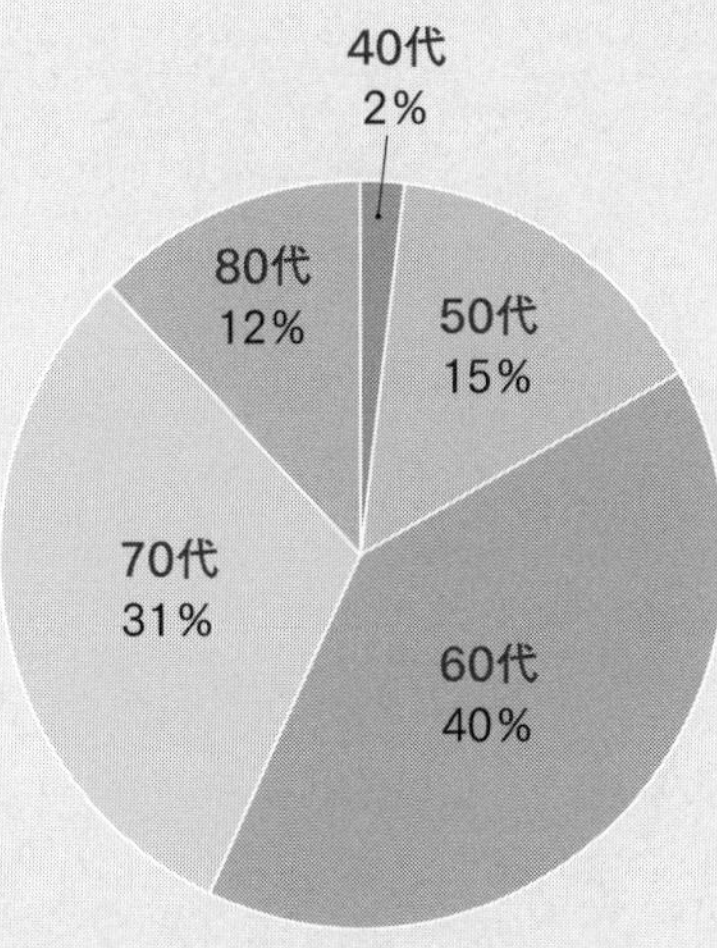

◎回答者の年齢は？

全体の40%を占めたのが60代。80代後半から90代になる親世代を介護している方がほとんどでした。70代前半までは親の介護、70代後半から80代は配偶者の介護が中心となっています。

◎これまで誰を介護してきましたか？（複数回答）

もっとも多かったのは実母。その次に並ぶのが義母と配偶者です。女性の長寿命を反映してか、実父と義父は少なめ。また、「その他」の中には、実子を介護している人もいました。

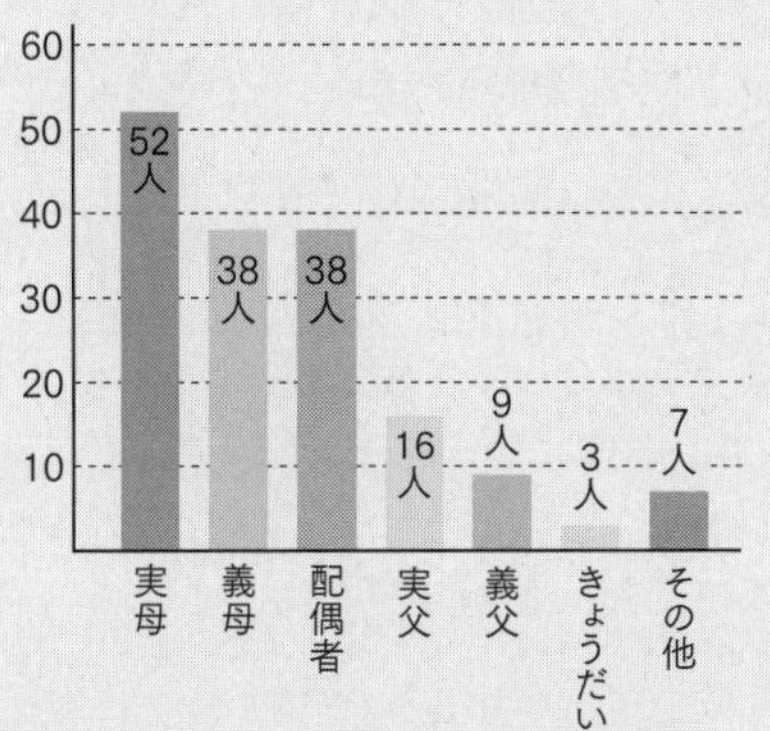

◎介護に関わっている期間は？（通算年数）

複数人の介護をしている方もいるため、通算での介護期間となっています。もっとも多いのが5～10年で32%、次が3～5年で21%、11年以上が20%、1～3年が19%、1年未満が7%でした。長寿命化にともない、介護期間も長期化する傾向があるようです。

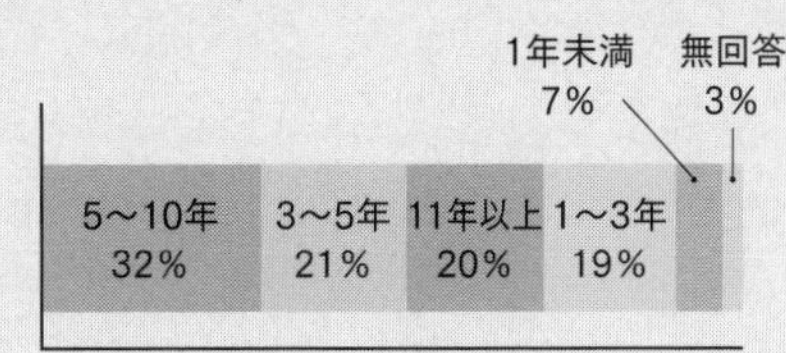

協力／全国友の会
デザイン／矢作裕佳（sola design）
装画／河村ふうこ
イラスト／河村ふうこ（p.3、6〜58、65、81、95、113、135、159、177、199〜205、208）
にしごりるみ（p.66〜79、82〜93、96〜111、115〜133、157）
戸塚恵子（p.136〜153、160〜172、179〜193、197）
マンガ／古野崎ちち子
DTP・校正／㈲かんがり舎
制作協力／大橋弘幸
編集協力／中 綾子

きっとラクになる
介護読本

2023年5月30日　第1刷発行

企画・編集　婦人之友社編集部
編集人　小幡麻子
発行人　入谷伸夫
発行所　株式会社婦人之友社
〒171-8510　東京都豊島区西池袋2－20－16
電話03－3971－0101
https://www.fujinnotomo.co.jp
印刷・製本　シナノ書籍印刷株式会社

ISBN978-4-8292-1006-2